Eine Kriegsberichterstatterin im Nahen Osten

RHEA GILDER, MONIKA HERRMANN

Eine Kriegsberichterstatterin im Nahen Osten

Erfahrungen im Libanon

Bibliografische Information der Deutschen Nationalbibliothek:
Die Deutsche Nationalbibliothek verzeichnet diese Publikation
in der Deutschen Nationalbibliografie; detaillierte bibliografische
Daten sind im Internet über https://portal.dnb.de/ abrufbar.

© 2021 Rhea Gilder, Monika Herrmann

Grafik: MoLarjung/ Shutterstock.com

Satz, Umschlaggestaltung, Herstellung und Verlag:
BoD – Books on Demand, Norderstedt

ISBN 978-3-7543-9073-3

Inhalt

Einführung

Das vorliegende Buch handelt von den spannenden Erlebnissen einer Nahostkorrespondentin in der Zeit von 1990 bis 2000. Es beschreibt die vielfältigen Gefahren, denen sie als Kriegsberichterstatterin im Nahen Osten ausgesetzt war.

Ihre Recherchen im Auftrag deutscher und internationaler Nachrichtensender führten sie immer wieder in lebensbedrohliche Krisen- und Kriegsgebiete im Nahen Osten, aber auch in die skrupellose Szenerie internationaler Waffenschieber.

Nicht ganz ohne eigenes Verschulden gerät die Journalistin bei ihren Recherchen nach internationalen Schmugglerbanden in die Fänge deutscher Justiz. Obwohl sie selbst durch eine Strafanzeige gegen eine Schmugglerbande ein Gerichtsverfahren erst ins Rollen gebracht hat, wird sie in einem Gerichtsverfahren schließlich verdächtigt, durch Falschaussagen Tatverdächtige und sogenannte »Handlanger« schützen zu wollen, wenn nicht sogar deren Kumpanin zu sein.

Nur durch eine abenteuerliche Flucht in den Libanon kann sie in letzter Minute der deutschen Justiz entgehen. Eine Rückkehr in ihre Heimat in Deutschland bleibt ihr dadurch lange Zeit verwehrt.

Im Libanon schließlich ist sie als Kriegsberichterstatterin für einen deutschen Nachrichtensender tätig, wobei sie sich oft unbekümmert und waghalsig in gefährliche Abenteuer im Krisen- und Kriegsgebiet des Nahen Ostens begibt.

Dabei stehen vor allem die kriegerischen Auseinandersetzungen der Hisbollah mit der Südlibanesischen Armee (SLA) im Fokus ihrer Aufmerksamkeit und journalistischen Tätigkeit.

Als begleitende Kriegsberichterstatterin bei den militärischen Kampfeinsätzen der Hisbollah gerät sie rasch in lebensbedrohliche Situationen und an die Grenzen –nicht ganz freiwillig – unparteiischer journalistischer Recherche.

Aus der Gefangenschaft der SLA wird sie und andere Gefangene erst nach Tagen seelischer und körperlicher Grausamkeiten befreit.

An verschiedenen Orten militärischen Kampfgeschehens, zum Beispiel bei der Erstürmung der Festung Beaufort durch die Hisbollah oder in Kana bei den Bombenmassakern, war sie unerschrocken und unter größten körperlichen Belastungen zugegen.

Vorwort

Meine Tätigkeit als Nahostkorrespondentin liegt jetzt viele Jahre zurück. Aber immer noch versetzen mich meine Erinnerungen an diese Zeit in eine breite Palette diverser, zum Teil widersprüchlicher Gefühle.

Mit unguten Gefühlen erinnere ich mich daran, wie ich in Zusammenhang mit meinen Recherchen gegen eine internationale Schmugglerbande beinahe im Gefängnis gelandet wäre, wenn ich mich nicht in allerletzter Minute durch eine waghalsige Flucht in den Libanon gerettet hätte.

Erinnerungen an meine Zeit als Kriegsberichterstatterin im Nahen Osten können mich auch heute noch in Schrecken und Angst versetzen und mir unruhige Nächte bereiten. Nicht selten habe ich mich voller Leichtsinn und Sorglosigkeit in journalistische Abenteuer gestürzt, die mich in lebensgefährliche Situationen in militärischen Kampfgebieten verstrickt haben.

Nicht zuletzt denke ich aber oft voller Sehnsucht an mein Leben und meine journalistische Tätigkeit in Beirut, an etliche Menschen, die mir dort ans Herz gewachsen sind, an die dortige reizvolle Landschaft und an die einzigartige orientalische Atmosphäre, die mich immer mit großer Faszination erfüllt haben.

Meine damaligen Erlebnisse habe ich gemeinsam mit der Co-Autorin Monika Herrmann anhand meiner Erinnerungen, diverser Aufzeichnungen und Manuskripte in sich über viele Jahre hinweg erstreckenden

Diskussionen und immer neuen Anläufen zu ihrer Publizierung, nicht ohne Sorge um die Brisanz des Sujets, im vorliegenden Buch festgehalten.

Wenngleich es mehrheitlich auf wahren, oft genug auch nachrichtenrelevanten Begebenheiten basiert, die den Text mit einer weitgehenden Authentizität ausstatten, ist es nicht nur Politikreportage und Sachbuch, sondern enthält auch romanhafte Elemente und Konstruktionen. Dabei werden detailgenaue Reportagen und Tatsachenberichte zum Teil mit ins Fiktive verfremdeten Begebenheiten und Personen – Letztere werden überwiegend nicht namentlich genannt – verknüpft.

I. In den Fängen
der deutschen Justiz

In Dortmund vor zwei Stunden hatte ich damit gerechnet, spätestens an der Passkontrolle als Justizflüchtling identifiziert zu werden und statt in meinem Flieger nach Beirut im nächstgelegenen Untersuchungsgefängnis zu verschwinden – für nicht absehbare Zeit. Dort nämlich hatte ich tatsächlich ein Bravourstück von exemplarischem Widerstand gegen die Staatsanwaltschaft hingelegt, nicht offen, nicht laut und schon gar nicht mit physischer Gewalt, sondern mittels einer List als legitimes Mittel zur Selbstverteidigung.

Dabei ging es um nicht mehr und nicht weniger als um eine Gratwanderung zwischen den behördlichen Auflagen zur Aussetzung eines Haftbefehls gegen mich und den mir unter dem amtlichen Kuratel verbliebenen Mauselöchern. Unter Ausnutzung dieser winzigen Gesetzesdurchlässe musste es mir gelingen, mich rechtzeitig und zugleich noch haarscharf im legitimem Ermessensspielraum vor dem mir vermutlich zeitnah bevorstehenden erneuten Zugriff der deutschen Justizbehörden ins nichteuropäische Ausland abzusetzen.

Im Klartext hatte die Crux für mich darin bestanden, meine auflagengemäße Meldepflicht gegenüber der Staatsanwaltschaft so rechtzeitig zu erfüllen, dass diese positiv oder negativ darüber befinden konnte, sie zugleich aber wiederum so geschickt zu unterlaufen, dass diese Taktik für mich ohne strafrechtliche Folgen bleiben würde. Dazu musste ich die mir auferlegte Anmeldung meiner beabsichtigten Abreise so datieren, dass diese mir nicht als Flucht auszulegen war, obwohl ich rechtzeitig außer Landes sein würde, bevor die Staatsanwaltschaft noch verhindernd eingreifen konnte. Es ging dabei also um eine planerische Präzisionsarbeit allererster Güte, aber leider ohne jede Erfolgsgarantie.

Waren es doch gerade meine wiederholten, zumeist beruflich bedingten Aufenthalte im nichteuropäischen Ausland gewesen, die der bayerischen Staatsanwaltschaft so bitter aufgestoßen waren, dass sie ihnen als Begründung für die harte Linie mir gegenüber ausgereicht hatten. Klartext: »Wegen der häufigen Auslandsaufenthalte der Beschuldigten ist von Fluchtgefahr auszugehen und ihr Verbleiben in Untersuchungshaft bis zum Prozess anzuordnen.«

Zum Glück hatte der Untersuchungsrichter des meinem Wohnort nächstgelegenen, wohlgemerkt nichtbayerischen Landgerichts diese Verfügung seines Landsfelder Amtskollegen außer Kraft gesetzt, nicht ohne eine vorausgegangene dramatische Auseinandersetzung mit mir, auf die ich im Folgenden noch eingehen werde. Keine Sekunde zu früh hatte er mich endlich in einem verzweifelten Wettlauf mit der Zeit in der letzten Minute vor Beginn des Wochenendes freigesetzt, wenn auch unter den üblichen Weisungen und Auflagen einer Haftbefehlsaussetzung, an deren Aushebelung ich mich soeben unter Aufbietung aller mir verfügbaren List und Tücke versuche.

»Freigesetzt!« Hatte ich richtig gehört? Ein solcher Begriff in Verbindung mit meiner Person hat einen verflixt üblen Beigeschmack und sollte sich gerade deshalb als Signal auswirken für einen zweiten Adrenalinstoß und für meine Entschlussbereitschaft, mich jetzt im Eilverfahren aus dem Einflussbereich der Behörden zu katapultieren, statt mich in kleinbürgerlicher Ergebenheit Justitia zu überlassen, im Vertrauen auf deren unbestechliche Gerechtigkeit.

Der Rest hätte Routine sein können; die postalische Ankündigung meiner Auslandsreise musste also auf einen Freitag fallen. Auf einen behördlicherseits de facto – und nicht etwa de jure – dienstlich nur halbtags genutzten Arbeitstag, an dem in den Ämtern erfahrungsgemäß nicht nur die Post ungelesen liegen bleibt. Beim amtlichen Dienstantritt am Wochenanfang aber würde ich mich – wie ordnungshalber ja auch angekündigt – längst schon im internationalen Luftraum befinden, unerreichbar für ein eventuell nachgeschicktes Veto der zuständigen Staatsanwälte. Die hätten bei geflissentlicher Nutzung ihrer amtlich vorgeschriebenen Arbeitszeit fürwahr Zeit genug gehabt zur rechtzeitigen Durchsetzung einer gegenteiligen Verfügung.

Nachdem die Vorgehensweise nun endlich beschlossene Sache war, konnte ich meinen Stolz darüber nicht verhehlen, die sprichwörtliche Stecknagel im Heuhaufen behördlicher Auflagen gefunden zu haben. Doch wann kann man schon seinen Ruhm allein genießen? So prahlte denn auch mein Chefredakteur, der in dieser Sache ansonsten bis heute unbeirrt wie Goliath an meiner Seite kämpft, kurz vor meiner Abreise damit, selbst der Erfinder dieser List gewesen zu sein. Aber diese kleine Eitelkeit wog natürlich wenig gegen seine ansonsten unverzichtbaren Meriten, mit seiner tatkräftigen Unterstützung überhaupt erst ermöglicht zu haben, dass ich Ihnen, liebe LeserInnen, meine Erlebnisse und Erkenntnisse heute so ausführlich und inzwischen auch wieder halbwegs gelassenen Gemütes aufschreiben kann.

Die Wartehalle auf dem Flughafen in Shipol (Amsterdam), die ich nach meinem wider Erwarten unbehelligten Flug aus Dortmund glücklich erreicht hatte, war fast noch leer. Mit bolzendem Herzen ließ ich mich in einen der schwarzen Sessel fallen. Mir war, als müsse jedermann nah und fern das Stakkato in meinem Thorax hören – nur jetzt nicht auffallen.

Die beiden blonden Damen am Flugschalter beobachteten mich mit mittlerem Interesse, vielleicht auch nur, weil ich viel zu früh hier eingetroffen war. Mit schlecht gespielter Konzentration – ich verbarg mich unter vergeblichen Konzentrationsversuchen hinter meiner mitgebrachten Zeitung – noch dreißig Minuten bis zum Einschecken! Eine ganze bange halbe Stunde noch – offenbar würde ich erst in der Luft wirklich vogelfrei sein!

Dabei quälten mich die Erinnerungen an die Apokalypse, die erst vor wenigen Wochen über mich hereingebrochen war und seitdem wie ein nicht enden wollender Albtraum meine Existenz verdunkelte.

Dies passierte ausgerechnet zu einem Zeitpunkt, als mich endlich eine lang vergeblich ersehnte Erfolgswelle steil nach oben auf meiner journalistischen Karriereleiter zu treiben schien. Dies war einer Reihe erfolgreicher Projekte zu verdanken, die meinem Chef in der Presse einige Loblieder und mir sogar einen Stiftungspreis eintrugen.

An einem dieser Morgen, als ich in vollkommener Entspanntheit die frühen Sonnenstrahlen auf den blauen Kissen meiner Balkonsessel genieße, in stolzer Erinnerung an eine phantastisch gelaufene Moderation am Vorabend, riss mich plötzlich – einem krachenden Gewitterschlag gleich – ein penetranter Klingelton aus meiner Beschaulichkeit. Großer Gott, wie unauslöschlich mir dieses Klingeln noch bis heute im Ohr geblieben ist!

Wäre ich doch nur nicht aufgestanden, um diese unselige Wohnungstür zu öffnen! Dahinter tauchten zwei Gesichter auf, ein bisschen wie Max und Moritz, verkleidet als Amtspersonen in Zivil. Den einen kannte ich sogar. Etwas zu alltäglich für apokalyptische Boten standen sie hintereinander im Eingang und sollten dennoch weit mehr als nur den Abgesang einläuten für meine private morgendliche Jubelfeier. Sie, diese wackeren Garanten unserer kleinstädtischen Ordnung, zogen nun auch den Vorhang zum Auftakt für dieses schier endlose Drama, das meine nächsten Lebensjahre bestimmen sollte.

So medioker, so banal, ja mies kann es aussehen, wenn sich Erfolge plötzlich verflüchtigen – und wie in meinem Fall auf nichts weniger Spektakuläres hin als auf einen einzigen, doppelt gedrückten Klingelton! Und seit exakt diesem albernen Klingeln an einem wunderschönen Sommermorgen befinde ich mich in freiem Fall und in immer noch tiefere Tiefen, ganz so, als ob nichts je wieder sein könnte wie zuvor!

Zwei Polizeibeamte waren, wie schon gesagt, in Zivil gekommen – als kleine Rücksichtsmaßnahme mir gegenüber, wie sie mir später erklärten. In einer Kleinstadt weiß man, was man seinem bisschen Prominenz schuldig ist.

Der kleinere Gesetzeshüter, den ich noch nicht kannte, drückte sich jetzt verdächtig unauffällig, aber nichtsdestotrotz ziemlich entschlossen an mir vorbei durch die Eingangstür in die Wohnung. Der andere zögerte noch, sich ohne meine Einladung selbst einzulassen. Als ich ihm voraneilte, um seinem Kollegen ins Wohnzimmer zu folgen, streifte ich einen uralten Riesentannenzapfen vom Bücherregal im Flur. Er rollte mir vor die nackten Füße. Beim Aufheben gelang mir statt eines wie gewollt ungezwungenen ein nur ahnungsvoll beschwörender Ton: »Der bringt Glück, wenn er herunterfällt!«

Vielleicht hätte ich solch atemlose Prognose lieber ungesagt gelassen. Hatte ich damit doch nichts weiter erreicht, als der Schadenfreude meiner Besucher nur unnötig Vorschub zu leisten. »Heute ist nichts mit Glück«, erwiderte denn auch prompt der mir bekannte Polizist – und dann noch feststellbar dreister: »Jedenfalls nicht für Sie!«

»Oho, was meinen Sie denn damit?« In weiser Voraussicht verlegte ich mich – nicht ohne ein wahrnehmbares Befremden in meiner Stimme mitschwingen zu lassen – auf diese eher kumpelige Frageschablone. Temperamentmäßig hätte es mir natürlich näher gelegen, diesen ein paar Grade zu forschen Amtsdiener ein für allemal in seine Schranken zu weisen. Aber etablierte Machverhältnisse gehören nun mal zu Gesetzbarkeiten, die es in Situationen wie der augenblicklichen unbedingt zu respektieren gilt. Jetzt ging es vor allem erst einmal um Schadensbegrenzung.

»Ich meine damit ...« Der miesepetrige Bursche wollte sich erkennbar gerade eine dramaturgische Pause genehmigen, um meine Demise so richtig zu genießen, aber er verschluckte sich vor meinen drohend aufgerissenen Augen und begann noch mal neu, diesmal etwas bemühter: »Sie sollten dieses Schreiben lieber selbst lesen, Sie sind nämlich verhaftet! Hiermit!«, fügte er noch linkisch, wiewohl unter der zustimmenden Miene seines Kollegen hinzu und hielt mir das hastig entfaltete Amtsschreiben viel zu dicht vor die Augen. Aber zu nah oder zu niedrig oder zu weit entfernt – wie soll man einer Amtsperson in solch einer Situation das behördliche Papier entreißen, um es endlich ausgiebig prüfen zu können? Echt nervig!

Allerdings wirkte die Kernbotschaft trotz ihrer dilettantischen Übermittlung auf mich wie ein Fanfarenstoß und insofern doch auch spürbar enthemmend.

»Geben Sie das Papier mal her«, drängte ich den Beamten unwirsch. »Um es lesen zu können, muss ich es ja wohl endlich mal ordentlich vorgelegt bekommen, oder?« Er gab es nur zögernd aus der Hand, als hätte er Angst, dass ich es in mich hineinwürgen könnte. Nicht ganz mühelos überflog ich das unverkennbar amtliche Schreiben, das dann auch unmissverständlich als Haftbefehl ausgewiesen war. Ein nüchternes, unspektakulär abgefasstes, dennoch irgendwie düsteres Schreiben: Gerichtshof soundso, Name, Alter, Geburtsort, Beruf, Haftbefehl, Anklage, Text, Unterschrift. Ich hatte so ein Schreiben noch nie in der Hand gehalten, geschweige denn mit meinem Namen darauf. Es kroch mir kalt durch die Glieder, meine Haut reagierte unangenehm gereizt – letzter Aufruf für die Flucht nach vorn.

»Machen Sie keine Witze, Mann!« Unvermittelt und zusammenhanglos fuhr ich den erstaunten Beamten an, als ob ich nicht genau wüsste, dass dieser arme Kerl als letztes Glied in der amtlichen Entscheidungshierarchie ganz und gar ungeeignet war zum Amboss für wie auch immer geartete Unmutsäußerungen meinerseits.

»Wenn Sie das witzig finden, bitte schön! Überzeugen Sie sich!«, wehrte der sich auch schon, ohne viel Zeit zu verlieren. Vielleicht versuchte er sich auch einfach nur ein bisschen in Schlagfertigkeit und war darüber hinaus froh über die Geplänkeleinlage, während derer er seine Amtsfloskeln zusammenbringen konnte, um sie dann ohne Stottern vorzubringen.. Er räusperte sich wiederholt und mit zunehmender Verve, während er sich noch gewichtig in die Brust zu werfen versuchte. Ich gedachte den Vorgang abzukürzen und unterbrach ihn ungeduldig: »Hören Sie schon auf mit Ihrer Rechtsbelehrung – alles, was ich zu sagen habe, können Sie gern gegen mich verwenden.« Der kleinere Polizist machte ein paar Augenblicke lang Anstalten, sich einzumischen, unschlüssig, ob eine Verhaftung auch ohne das ordnungsgemäße Herunterrattern der festgelegten Verhaftungsformeln gültig sein könnte, besann sich dann aber eines Besseren und verdrückte sich wieder wortlos in den Hintergrund.

»Jetzt lassen Sie uns erst einmal sitzen, ich muss den Haftbefehl noch einmal lesen.« Ich spürte, dass ich im Begriff war, doch noch die Fassung zu verlieren, und suchte instinktiv das Weite, indem ich auf die helle Terrasse hinausstrebte. Die beiden folgten mir nur zögernd. Der Kleinere lehnte sich verstohlen über die Einfassungsmauer und blickte nach unten. Dabei zuckte er entschuldigend mit den Schultern: »Vielleicht haben Sie ja vor, zu fliehen«, erklärte er näselnd seine Umtriebigkeit, und zu meinem Ärger meinte er das kein bisschen ironisch.

»Wir sind doch nicht bei den Olympischen Spielen«, protestierte ich in schlecht gespielter Gelassenheit mit

Hinweis auf meine fünf Meter hohe Terrasseneinfassung, aber meine humorige Anspielung erfreute in diesem Zusammenhang nicht einmal mich selbst. Vielleicht wäre es in dieser Gesellschaft sowieso besser, strikt sachlich zu bleiben.

»Also Meineid wirft man mir vor«, las ich laut den Text der Anklage vor, fuhr ihn dabei Zeile für Zeile mit dem Zeigefinger ab, wie um mich zu vergewissern, dass auch alles seine Richtigkeit hatte – und dabei spürte ich, wie sich meine Hand zitternd verselbständigte. Bald schon werde ich mich nicht mehr völlig in der Hand haben, dachte ich, entsetzt über meine schwindende Selbstbeherrschung.

»Verdammt!«, machte ich mir unvermittelt Luft, während ich das Papier studierte. »Ich hatte nach meiner Zeugenaussage in dieser Sache doch sofort das Gefühl, dass die Staatsanwältin mir kein einziges Wort geglaubt hat. Und diese Frau war mir sogar sympathisch.« Meine Entrüstung klang wie ein Schrei um Hilfe.

»Nicht zu vertraulich werden gegenüber Amtspersonen«, raunte mir von ungefähr die Stimme meiner Großmutter im Ohr. »Ihre Zustimmung ist nicht nötig, und ihr Mitgefühl ist unwichtig.« Als sei ich versehentlich schon in die Abhängigkeit dieser beiden linkischen Beamten geraten, stieg jetzt unverkennbar blanke Panik in mir auf.

Beiden Polizisten wurde die Verzögerung ihrer Amtshandlung, sprich meiner Festnahme, inzwischen auch merklich unangenehm. Und so fand der kleinere

Polizist flugs zurück zu den weniger schwierigen Stereotypen seines Amtes: »Ich muss Sie leider bitten«, sagte er mit einem vielsagenden Blick auf meinen Morgenmantel, »sich anzuziehen und unverzüglich mitzukommen.«

»Während Sie warten, werden Sie wohl keine Tasse Kaffee akzeptieren, wegen dienstlich und so?« Eine meinerseits rein hypothetisch gemeinte Frage, nachdem der andere Polizist sich schon mit einem indiskret langen Blick in mein Schlafzimmer vergewissert hatte, dass auch dieses für einen Fluchtversuch ungeeignet war.

Auch wenn mir klar war, dass viel davon abhing, nicht etwa an Gesicht zu verlieren, indem ich so etwas wie übermäßige Aufregung zeigte, misslang mir schon die simple Erinnerung daran, wo ich am Vorabend meine Schuhe ausgezogen und hingestellt haben könnte. Der Kniff ins Ohrläppchen, so ein Trick aus meinen Kindertagen, brachte weder die erhoffte Erleuchtung noch die allergeringste Entlastung für mein gestresstes Selbstbewusstsein. Kaum in meinem Schlafzimmer hinter der endlich geschlossenen Tür, nahm ich einigermaßen ratlos über meine überzogene Angstreaktion Zuflucht zu Erinnerungen an ähnliche Situationen in meinem Leben. Da hatte es Augenblicke akuter Lebensgefahr gegeben, aus denen mich nur spontan richtige, kurzfristig absolut nervenstarke und retrospektiv vernünftige Reaktionen hatten retten können. Aber das war nur im Ausland passiert – hier zuhause gelten für mich offenbar härtere Maßstäbe bei der Selbsteinschätzung, oder vielleicht geht mir sowas hier in meinem kleinstädtischen Ambiente einfach mehr an die Substanz. Obwohl momentan von unmittelbarer Lebensgefahr überhaupt nicht die Rede sein kann. Möglicherweise hat meine immense Alarmstimmung eher mit Angst vor dem Verlust bürgerlicher Honorigkeit und persönlicher Bonität im eigenen Land zu tun, die sich vor Ort vergleichsweise noch um einiges bedrohlicher anfühlen mag als eine reale Lebensgefahr in der Anonymität irgendeines Krisengebiets.

Während ich mir eine vorzugsweise konservative Garderobe zusammensuche, jagen nun die verschiedensten Gedanken über Ursachen und Konsequenzen dieser vergleichbaren Katastrophe durch meinen Kopf. Ohnehin fühle ich mich im Augenblick sogar auch von mir selbst alleingelassen: kein Mut mehr, keine Geistesgegenwart, und schon gar kein rettender Gedanke! Eher Hilflosigkeit und unkontrollierte Panik.

Zweifellos hätte es meinen Selbsterhaltungstrieb entscheidend optimieren können, wenn ich beim Hinausgehen aus meinem Schlafzimmer ein unerschütterliches Selbstbewusstsein ausgestrahlt hätte. Denn tatsächlich befand ich mich immer noch in diesem sträflich naiven Irrglauben, dass es bei der Einschätzung meiner empörenden Situation und ihrer Konsequenzen eigentlich nur um die eine Kernfrage gehen konnte, ob die Vorwürfe der Anklage der Wahrheit entsprachen oder eben nicht. Wenn nicht, würde man sich schon bald bei mir entschuldigen müssen für die falschen Anschuldigungen und den grundlos angerichteten Schrecken und mich alsbald wieder als unbescholtene Person weiterleben lassen wie bisher. Das indessen war, wie ich schnell erfahren sollte, ein kapitaler Trugschluss. Wie heißt es so schön: Wenn der Staat dir einmal seinen Schutz entzieht, kannst du bei aller erwiesenen Unschuld infolge aller möglichen Unwägbarkeiten immer noch als Justizopfer enden.

Auf jeden Fall stieg ich kurze Zeit später, farblich richtig beschuht, ohne Handschellen und zum Glück auch ohne jede Öffentlichkeit, draußen vor meinem Hauseingang in einen unauffälligen Kleinwagen. Meine ironisch gemeinte Aufforderung an die Beamten, mir beim Einsteigen doch den Kopf hinunterzudrücken, genauso wie man es immer in den amerikanischen Fernsehkrimis sieht, sorgte bei denen für zusätzlichen Frust.

»Ihretwegen sind wir immerhin in einem Privatwagen gekommen, weil unser Chef verdeckte Festnahme angeordnet hat. Und keine Handschellen!«

Mit dieser Mitteilung hatte der Kleinere der beiden tatsächlich, und zwar ziemlich nachdrücklich, meinen flachsigen Versuch vereitelt, den Verhaftungsvorgang ins Lächerliche zu ziehen. Offenbar hatte man diesen auch für mich bitteren Vorgang mit einer besonderen Rücksichtnahme auf meinen »Promistatus« abgemildert, und das hatte ich geflissentlich anzuerkennen. Wie sehr ich tatsächlich Anlass zur Erleichterung hätte haben können, reflektierte ich während unserer Fahrt zum Polizeipräsidium. Hatte man doch erst vor wenigen Tagen zum allgemeinen Staunen eine Reihe mächtiger Wirtschaftsbosse in ihren prächtigen Büros vom Fleck weg in Handschellen gelegt und unter großem polizeidienstlichem Gepränge abgeführt – Steuerhinterziehung und dergleichen, so ging der Vorwurf. Im Vergleich wurde ich als eher öffentliches Leichtgewicht infolge einer kaum weniger schwerwiegenden Meineidsanklage wirklich ungewöhnlich privilegiert behandelt.

»Das ist sehr rücksichtsvoll gewesen von Ihrem Chef«, versuche ich, mein Versehen wiedergutzumachen. »Ich werde mich dafür vielleicht gleich auch noch bei ihm persönlich bedanken können.« Und weil wir doch gerade so nett und vertraulich miteinander umgingen, legte ich noch ein bisschen Konversation nach: »Ich muss gegen Mittag eine Freundin vom Bahnhof abholen, die ich fürs Wochenende eingeladen habe.«

Entweder folgte ich jetzt einem absurden Drang zur Selbstverletzung, weil doch allein schon berufsbedingt Amtsdiener die denkbar schlechtesten Konfidenten sind. Oder es muss – ebenfalls berufsbedingt – meine unterbewusste Angst vor Sprechpausen gewesen sein, als ich meine eher mundfaulen Begleiter nun auch noch direkt anging mit dieser absurdesten aller Fragen: »Glauben Sie, dass ich bis dahin fertig bin bei Ihnen?« Mir war nicht zu helfen! Und ich bekam, was ich verdiente – Mitleid von meinen amtlichen Bewachern! Mein alter, notorisch unleidlicher Bekannter drehte

sich verdutzt zu mir um: »Fürs Wochenende?« Kopfschüttelnd blickte er dann wortlos wieder geradeaus.
Er wollte mir nicht antworten, nicht absichtlich weh-
tun. Mir drehte sich der Magen um.

Der Chef der städtischen Hauptdienststelle outete sich
bei meinem Anblick spontan als begeisterter Fan von
mir – na Gott sei Dank, sowas konnte jetzt nur hilfreich sein. Er fühlte sich erkennbar geehrt über meine
letztlich nicht freiwillige Anwesenheit in seinem Büro
und bat mich, fast schon übertrieben zuvorkommend,
ich solle mich erst einmal beruhigen. Er sei hier, um
mir zu helfen – verdächtig unverdächtige Floskel, oder
meinte er wirklich, was er sagte?
　　Insofern reduzierte sich mein Adrenalinspiegel auch
schnell wieder auf ein akzeptables Niveau. Das wiederum konnte ich als Ermutigung dafür deuten, dass
meine Anstrengungen in Richtung positiven Denkens
Erfolg hatten. Ich zwang mich ja auch – und das bedeu-
tete unter diesen Umständen harte physische Anspannung – unter der freundlichen Anleitung meines zu-
vorkommenden Bewunderers, meine Aussage Schritt
für Schritt in voller Interpretationsbreite zu prüfen, bis
ich sie protokollieren ließ. Auch dies ganz zweifellos
ein ungewöhnliches Entgegenkommen mir gegenüber.
Als Resultat müsste sich bei der gleich danach anste-
henden Haftprüfung durch den Untersuchungsrichter
nun auch unschwer die logische Plausibilität meiner
Stellungnahme erkennen lassen.
　　Fast freundschaftlich feilten wir, der nette Polizeichef

und ich, mit zusammengesteckten Köpfen an meiner Aussage, mit gleichermaßen akribischem Perfektionismus bezüglich der präzisen Differenzierung von Sinn und Wort. Dass diese Begeisterung uns unempfindlich machte für Ort und Zeit und dementsprechend für freitäglich verkürzte Dienstzeiten, sollte mir wenig später statt Befriedigung nur noch zusätzliche Not bereiten. Freundschaftlich untergehakt oder vielleicht auch, um jeden Fluchtversuch meinerseits auszuschließen, begleitete mich der reizende Beamte anschließend zum nächstgelegenen Landgericht, wo der Haftrichter meiner harrte.

Unterwegs lachten wir noch einmal herzlich wie über einen guten Witz über die Sonderbehandlung, die er für mich angeordnet hatte: »Wir haben Sie wirklich behandelt wie ein rohes Ei. Unsere Beamten mussten sich extra umziehen, um in Zivil bei Ihnen zu erscheinen, weil wir doch alle ein bisschen stolz sind auf Mitbürgerinnen wie Sie.«

»Da müssten die in Ketten gelegten Industriebosse bei ihrer Festnahme vor wenigen Tagen im Nachhinein noch ganz rot vor Neid werden«, schäkerte ich zurück. – Ha, ha, ha-a-a! Das schien eine richtig nette Überführung zu werden, nur dass es mir zunehmend so vorkam, als schwömme ich irgendwie schon in einem Teich von Tränen.

Im Bewusstsein meiner Unschuld und frustriert über die Unannehmlichkeiten, denen ich mich heute ausgesetzt sah, geriet ich dann doch immer mehr in Fahrt bei der empörten Aufzählung von staatlich verfügten und aus meiner Sicht im Falle erwiesener Unschuld auch schadensersatzpflichtigen Unzumutbarkeiten. Ich bemerkte dabei natürlich nicht, dass mein Begleiter immer seltener und dann eher einsilbig antwortete. Ich glaube, der Mann war richtig froh, meinen Erwartungen nach irgendeiner Solidaritätsäußerung seinerseits entronnen zu sein, als das ehrfurchtgebietende gründerzeitliche Landgerichtsgebäude endlich vor uns auftauchte.

Wahrscheinlich schon gewohnheitsmäßig konnte mein Überführungsbeamter einschätzen, dass sich auch mein Mütchen angesichts dieser Stein gewordenen Macht des Gesetzes ziemlich schnell herunterkühlen würde, und sogar mir selbst erschien das Tempo dieses Vorgangs fast schon unerklärlich. Denn zurück blieb das sprichwörtliche Häuflein Elend, das sich am liebsten still und heimlich aus dem Staub gemacht hätte.

Etliche Treppen hinauf – bedeutsamerweise unter Missachtung zweier Aufzüge – gelangten wir im fünften Stock an eine Polizeidienststelle, die dem Zimmer des Untersuchungsrichters vorgeschaltet war. Mein bis dahin so zuvorkommender Begleiter verdrückte sich in plötzlicher Hast grußlos durch die Tür zu dessen Dienstzimmer, nicht ohne mir vorher noch einen verdächtig langen, gleichsam entschuldigenden Blick zugeworfen zu haben.

Ich wurde von einem jungen Beamten übernommen und ohne Umschweife in ein Durchgangszimmer geführt und von dort in einen weiteren Raum. Kaum war ich über dessen Schwelle getreten, da klappte die Tür ohne Vorwarnung, aber vernehmlich hinter mir zu. Zweimal drehte sich der Schlüssel im Schloss, zweimal schnappte der Schließmechanismus metallisch hart im Scharnier.

Allein gelassen blickte ich mich verblüfft in dem Raum um. Als Erstes fiel mir die Rolle Klopapier auf. Sie hing an einem Packband von einem metallenen Haken herunter – na bittschön, schon die erste Nachlässigkeit auf Seiten der Staatsgewalt. Was kann man mit etwas Findigkeit, geschweige denn krimineller Phantasie mit einem offenen metallenen Haken dieser Größe alles anfangen!

Die nackte Klosettschüssel darunter offerierte ihre Funktion ohne jede Abtrennung oder Sichtschutz. Ab dieser Schnittstelle gehörte die Notdurft offenbar nicht mehr zur bürgerrechtlich geschützten Intimsphäre.

Zum Fenster hin ein Holzgestell als Liege, darauf eine zusammengefaltete graue Decke, keine Matratze. Warum müssen Gefängnisdecken grau sein – ist Grau nur eben pflegeleicht oder schon Ausdruck unerbittlicher Strenge als Vorgeschmack auf Strafe, Buße? Gegenüber ein großer quadratischer Tisch aus hellem Holz und zwei passende Stühle vor einer wandgroßen, unvergitterten Fensterscheibe mit Blick auf den amtseigenen Parkplatz, auf dem einige Polizeifahrzeuge hintereinanderstanden. Zu öffnen war das Fenster nicht, und ein Sprung hindurch wäre auch für Lebensmüde keine empfehlenswerte Option – wahrscheinlich war das Glas ohnehin bruchsicher.

Ich drehte mich ein-, zweimal um die eigene Achse. Alles noch mal aufnehmen, um es glauben zu können. Ich musste schlucken – verhaftet, fürwahr! Und in gut einer Stunde würde meine Freundin am Bahnhof ankommen; sie war ja schon unterwegs gewesen, als mich die Häscher ergriffen ... Nur ein Husarenstück allererster Überraschungstaktik könnte den Albtraum hier noch beenden, überlegte ich und überflog noch einmal alle Einzelheiten meines Gefängnisses mit prüfenden Blicken, wobei ich mir vorkam wie ein gefangenes wildes Tier. Aber solche Phantastereien würden mich nicht retten – ich musste erst einmal alles auf mich zukommen lassen und im Zweifelsfall die Dinge dann ad hoc angehen.

Gottlob hatte ich mir meine Tageszeitung mitgebracht. Sie machte sich gut und auch irgendwie beruhigend auf der glänzenden Tischplatte. Ich breitete alles Mitgebrachte um mich herum aus, als könnte ich mich dahinter verschanzen. In der entstandenen »Gemütlichkeit« gelang es mir anschließend tatsächlich, wenn auch nicht ganz mühelos, die Zeitung zu lesen und mich so von meiner nachgerade trostlosen Situation abzulenken.

Das Scheppern des polizeidienstlichen Schlüssels im Schloss meiner Kerkertür riss mich aus meinen Gedanken. Ein junger blonder Beamter mit einem flaumigen Dreitagebart und einem Knopf im Ohr stellte Wasser in einem Pappbehälter vor mich hin, vielleicht auch nur in der Absicht, eventuelle Suizidabsichten meinerseits zu verhindern. Bevor er wieder hinausging, fragte ich ihn – vielleicht weil man in solchen Räumen so allein ist, dass sogar Provokation als probates Antidot wirken kann: »Sagen Sie, Herr Wachtmeister, bin ich jetzt hier richtig im Kittchen?«

»Jawohl«, bestätigte der junge Mann fast jubelnd in seiner Einfältigkeit, »richtig im Kittchen!«

Erneut schloss sich die Tür zwischen mir und meinen bisherigen bürgerlichen Freiheiten.

Anklage!, hämmerte es dann wieder in meinem Kopf, Anklage, Festnahme ... Und warum musste das ausgerechnet mir passieren? Und wenn es mir nicht gelänge, den Ermittlungsrichter von meiner Unschuld zu überzeugen? Sowas hängt ja auch immer von dem Richter ab, der den Fall zugewiesen bekommt. Was käme dann auf mich zu?

Eine Gefängnisstrafe? Aber diese Meineidanklage kann sich, so tröstete ich mich dann wieder, im Grunde nur schnellstens in Wohlgefallen auflösen. Ich werde wahrscheinlich nicht einmal einen Anwalt brauchen, um diesen Blödsinn aufzuklären. Es wird wohl reichen, wenn ich genau das aussage, was ich weiß.

Der Untersuchungsrichter, dem ich kurze Zeit später vorgeführt wurde, bellte mich gleich bei meinem Eintritt an: »Sie werden des Meineids beschuldigt, genauer gesagt der meineidlichen Falschaussage als Zeugin der Anklage in einem Schwurgerichtsverfahren! Ist Ihnen eigentlich klar, was das für Sie bedeuten kann? Darauf steht eine Strafe von zwischen fünf und fünfzehn Jahren Haft.« Dabei fielen ihm seine blauen Basedow-Augen fast aus dem bulligen Gesicht. Sein vollkommen kahler Schädel reflektierte das Licht der Deckenlampe.

»Muss ich mich im Stehen rechtfertigen?«, fragte ich in erzwungener Ruhe und erhielt die Erlaubnis, mich zu setzen. Arroganz hilft also bei diesem Burschen, verzeichnete ich mit leiser Genugtuung und ging sofort in die Offensive. »Ich verstehe nicht, aus welchem Grund ich verhaftet worden bin – ich bin nicht unbekannt in meiner Stadt, habe dort Besitz sowie einen festen Arbeitsplatz und zahle meine Steuern regelmäßig.«

Der Mann überflog meinen äußeren Habitus – gut, dass ich mein hellblaues Interview-Kostüm angezogen hatte, das wirkt beruhigend auf dem Bildschirm – und vielleicht auch in dieser Situation. Nicht sofort, allerdings.

»Ihre Verhaftung ist von der Landsfelder Staatsanwaltschaft angeordnet worden mit der Begründung, dass Sie sich offenbar häufig im Ausland aufhalten und mithin fluchtverdächtig sind.« Das Telefon klingelte – er schnauzte hinein: »Nein, fahren Sie noch nicht los, wir haben hier noch einen Schübling für die SVA Köln. – Ja, ja, wird sofort runtergebracht!«

Schübling ... Großer Gott, Schübling? Damit war doch nicht etwa ich gemeint? Mir wurde flau im Magen – jetzt blieb nur noch die Flucht nach vorn!

»Hören Sie, Herr Richter, Sie können doch nicht im Ernst ohne Berücksichtigung meiner Aussage meine Verbringung in irgendeine Strafanstalt anordnen! Einfach so aus heiterem Himmel! Das kann ja wohl kaum rechtmäßig sein! Wie außerdem vereinbart sich diese Behandlung meiner Person zum Beispiel mit meinen bürgerlichen Rechten? Oder habe ich plötzlich keine mehr?«

Der Richter sah mich nachdenklich an – die Berechtigung meiner Frage und mein selbstbewusstes Aufbegehren relativierte seine offenkundige Zeitnot.

»Ich habe keine Befugnis, die Anordnung der Landsfelder Staatsanwaltschaft aufzuheben«, sagte er mit einem gewissen Zögern in der Stimme. »Außerdem erreiche ich jetzt dort auch niemanden mehr. Vergessen Sie nicht, es ist Freitagmittag, eigentlich schon -nachmittag.«

Er lehnte sich zurück und verschränkte seine Arme über dem runden Bauch, bevor er tief Luft holend fortfuhr: »Sie werden also jetzt in die Strafvollzugsanstalt Köln gebracht, von dort am Montag nach Frankfurt, dann wahrscheinlich nach Stuttgart, sodass Sie Ende der Woche im Untersuchungsgefängnis in Landsfeld eintreffen könnten. Dort können Sie dann Haftbeschwerde einlegen. Richten Sie sich also mindestens auf zehn Tage, besser auf zwei Wochen vorläufigen Freiheitsentzug ein. Vorläufig soll heißen, falls Ihre Haftbeschwerde Erfolg hätte.« Dann folgte ein wahrscheinlich obligatorisches dienstliches Stereotyp:

»Jetzt dürfen Sie noch Ihren Anwalt anrufen und eine Person Ihres Vertrauens, denn Sie werden ja etwas Kleidung und Hygieneartikel sowie Schreibmaterial brauchen für diese Zeit. Bitte fassen Sie sich kurz.« Er schob mir seinen Telefonapparat zu. »Nur zwei Anrufe stehen Ihnen frei, wenn ich bitten darf.«

Alberne Floskel!

Ich dachte fieberhaft nach. Mein Magen drehte sich dabei herum wie früher, wenn ich im Begriff war, eine Klassenarbeit zu verhauen.

»Der Schwachpunkt in der Argumentation des Untersuchungsrichters ist die vorgegebene Befugnis-lücke«, flüsterte mir mein plötzlich wieder pflichtbe-wusster Schutzengel zu – und tatsächlich musste der Mann trotz gegenteiliger Behauptung irgendeinen Entscheidungsspielraum haben, falls er die Staatsan-waltschaft in Landsfeld nicht mehr erreichen konnte. Dies war die einzige brauchbare Karte, die ich noch ausspielen konnte, ein Joker! Mit verzweifeltem Mut ziehe ich auch schon die Notbremse: »Warum nehmen Sie a priori an, dass die Staatsanwaltschaft in Lands-feld sich schon ins Wochenende verabschiedet haben könnte? Ich hingegen könnte mir vorstellen, dass Ihre bayerischen Kollegen eine andere Arbeitsmoral haben als unsere Leute hier in Nordrhein-Westfalen.«

Das saß! Einen Moment lang hatte ich das ungute Gefühl, mir selbst in den Fuß geschossen zu haben.

Der Richter nahm wie im Zeitlupentempo den Telefonhörer von der Gabel und begann zu wählen, ohne dass sein stierer Blick mich losließ. Gilt das jetzt mir, dem Schübling? Der Schreck hatte mich wieder. »Hallo, Frau Kollegin ...« Und dann gab mir der Richter mit einer nachgerade herrischen Kopfbewegung das Zeichen, ich solle ihn allein lassen.

»Die Kollegin in Landsfeld besteht auf Ihrer Festnahme!«, blaffte er, als ich wieder hereindurfte. »Denn nach ihrer Meinung besteht bei Ihnen aufgrund Ihres mobilen Berufs nach wie vor der Verdacht auf Fluchtgefahr.«

Es war der Weltuntergang. Meine Verzweiflung machte mich stark. »Das ist doch reine Schikane, ein Akt persönlicher Ranküne!«, machte ich mir Luft. »Warum haben Sie nicht auch mich mit ihr sprechen lassen? Woher hätte eine bayerische Staatsanwältin im bayerischen Landsfeld wissen können, inwiefern ich in meiner Heimatstadt in Nordrhein-Westfalen fluchtgefährdet wäre? Vielleicht hätte ich selbst sie umstimmen können.«

Der Mann schien nicht ganz unempfindlich zu sein für meine fast schon flehentlich vorgebrachten Argumente und nahm den Hörer erneut auf. Die Staatanwältin meldete sich nicht mehr – der Richter stierte mich von unten her an.

»Ich mache jetzt etwas, was ich eigentlich nicht darf«, sagte er langsam nach einigen Minuten angestrengten Nachdenkens, ohne mich auch nur eine Sekunde aus den Augen zu lassen.

Ja keine Erleichterung zeigen – hier handelt es sich nicht um Gnade, sondern um Recht, mein Recht!

Bedächtig legte er dann ein Papier vor sich auf die Schreibunterlage und drehte es ein paarmal um seinen Mittelpunkt herum, mal breitseitig, mal längsweise. »Ich setze jetzt Ihren Haftbefehl aus, und zwar unter der Bedingung, dass Sie die Staatsanwaltschaft in Landsfeld von jeglicher Reiseabsicht ins Ausland rechtzeitig, das heißt spätestens drei Tage vorher informieren ...« Und jetzt folgten jede Menge Ermahnungen. Ich hörte gar nicht mehr auf, beflissen dazu zu nicken, ich hätte ausnahmslos zu allem genickt. »Lassen Sie aber zwischenzeitlich durch Ihren Anwalt die Haftfrage klären, falls die Kollegin in Landsfeld meiner Anweisung widersprechen sollte.« Er flippte mir das nunmehr ausgefüllte Papier über die Tischplatte zu – den Entlassungsschein!

Ich presste ihn an mich wie eine Ertrinkende den berühmten Strohhalm, ein Vergleich, der exakt auf meine Situation zutraf. An meinen Abschied vom Ermittlungsrichter erinnere ich mich kaum noch. Allerdings habe ich mich ordentlich bedankt und verabschiedet. Danach stürzte ich wie von wilden Tieren gejagt durch die verschiedenen amtlichen Türen ins Treppenhaus, um erst einmal und für alle Zeit und Ewigkeit diesem unsäglichen Schüblingstatus zu entkommen. Wie herrlich war doch die Treppenhausarchitektur dieses Landgerichts! Dass ich das beim Heraufkommen überhaupt nicht erkannt hatte, wunderte ich mich noch, als ich schon die Eingangstreppe hinuntersprang, zurück in den immer noch sanftblauen Tag.

Ein Taxi brachte mich zum Bahnhof. Tatsächlich war

ich nur ein paar Minuten verspätet! Meine Freundin Gudrun stand schon etwas beunruhigt unter dem Portal der Bahnhofshalle ... Indessen mir nach dem Ende des Schreckens der vergangenen Stunden Tränen der Erleichterung in die Augen stiegen.

Am besagten Freitagnachmittag hatte ich natürlich keine Zeit mehr verloren und war zum Glück noch rechtzeitig in der Redaktion erschienen, um den »Chief« und die diensthabenden Redakteure über mein kurzes, aber eindrucksvolles Gastspiel in der Arrestzelle zu informieren und über die mühevollen Anstrengungen, die zu meiner befristeten »Freisetzung« geführt hatten.

Der Chief stellte sich mir mit geradezu konspirativem Elan sofort zur Seite, indem er den gesamten Redaktionsstab auf absolute Geheimhaltung und Solidarität mit mir einschwor. Er wies darauf hin, dass ein Strafverfahren gegen mich auch ihn als meinen Chefredakteur und indirekt auch die Senderleitung in Verlegenheit bringen könnte. Immerhin stand es in enger Verbindung zu brisanten Recherchen, die er selbst in Auftrag gegeben hatte.

Zum Hintergrund: Im Kern gründete sich die Meineidsanklage auf einen Strafprozess, der infolge einer von mir angestrengten Strafanzeige ins Rollen gekommen war. Und zwar im Verlauf dieser hochbrisanten Geheimdienstrecherche, bei der ich Schiebereien mit

Nuklearmaterial aufgespürt hatte, von denen mir hinter vorgehaltener Hand gesagt wurde, dass sie aus russischen Beständen stammten. Es bestand nach meiner Kenntnis jedenfalls kein Zweifel daran, dass sie unsachgemäß verpackt und ohne jeden Strahlenschutz ganz normal in für solche Transporte vollkommen ungeeigneten Pkws über unser Straßennetz transportiert wurden und eine ahnungslose Bevölkerung ungehindert verstrahlten.

Alles hatte damit angefangen, dass ich, bass erstaunt, schon wenige Tage nachdem man mich mit den Recherchen zu einer Reportage über vermuteten Waffenschmuggel und Handel mit Nuklearmaterial beauftragt hatte, eine über mein Privatfax direkt an mich gerichtete Verkaufsofferte von Nuklearmaterial erhielt, dessen Vertrieb in Deutschland bezeichnenderweise erst relativ spät in den siebziger Jahren unter Strafe gestellt worden war, und zwar mittels des sogenannten Kriegswaffenkontrollgesetzes.

Auf dem ersten Fax waren nur Material- und Mengenbezeichnungen angegeben, ohne Absender und Preise. Zunächst konnte ich mir natürlich nur vorstellen, dass sich irgendein eingeweihter Spaßvogel einen kleinen Witz mit mir erlaubt hatte, und schloss mich dem Schwank an, indem ich das besagte Papier über sämtliche Schreibtische der Redaktion zirkulieren ließ, ebenso anonym, wie ich es selbst bekommen hatte. Meine Kollegen lachten anfangs genauso ungläubig wie ich selbst über den Spaß, bis zum Erhalt der zweiten Offerte, die nun auch Geschäftsadresse und Preisangaben enthielt.

Da fiel uns allen erst einmal die Kinnlade hinunter – Schluss mit lustig –, und ich verkündete meine Absicht, die Sache nun doch polizeilich zu melden, um absehbaren Schaden von der Bevölkerung abzuwenden. Dies stieß allerdings im Kollegenkreis auf einhellige Ablehnung: »Wirf das Papier in den Papierkorb. Du lädst dir nur unnötige Probleme auf. Die Polizei macht das Ganze nur noch schlimmer ... Kurzum, man bewarf mich von allen Seiten mit Gegenargumenten, die alle gut gemeint und nicht von der Hand zu weisen waren. Ich aber visualisierte verstrahlte Autofahrer, kahlköpfige Kinder in den Leukämieabteilungen der Krankenhäuser, weinende Familienangehörige und wollte die Verantwortung nicht einfach unter den Tisch fallen lassen.

Mit schlechtem Gewissen gegenüber der gegenteilig gesinnten Mehrheit meiner Kollegen ging ich schweren Herzens zur Polizei und brachte den Fall zur Anzeige. Die Polizei rotierte und gegenrotierte mit rotheißen Ohren, sprang heute mit Horrormeldungen, morgen mit Beschwichtigungen um mich herum und gab mir ziemlich schnell das Gefühl, meinen Kollegen Recht geben zu müssen – im Nachhinein, leider!

Zunächst aber gab es Neuigkeiten zu der Geschichte. Die Presse hatte sich plötzlich des Themas bemächtigt und natürlich vergleichsweise schnell eine ganze Menge interessanter Tatsachen und Vermutungen zum Beispiel über Ost-West-Schiebereien mit Nuklear-material aus dem Boden geklopft.

Das Thema Innere Sicherheit war andererseits für die großen Sender nicht ohne Grund seit früheren diesbe-züglichen Presseaffären immer noch ein nachhaltiges Scheuthema. Und bevor er sich die Finger daran hätte verbrennen können, hatte der Chief meine aufwendige Reportage seinerzeit in weiser Voraussicht nur noch als Rumpfbericht in eine ganz normale Nachrichten-sendung eingebracht, eben weil das Thema dem Chief und unseren höheren Brötchengebern alsbald zu heiß geworden war.

Mir selbst war damals nur übriggeblieben, die Kröte widerspruchslos zu schlucken, allerdings nicht ohne maßlose Enttäuschung darüber, dass mein vergleichs-weise zeit- und arbeitsaufwendiger Einsatz in der Grauzone deutscher und russischer Geheimdienste trotz der damit für meine Person verbundenen Ge-fahr am Ende lediglich eine Maus geboren hatte und in einer einfachen Nachricht versandet war.

Für mich jedenfalls war mit der Sechsminuten-Rumpfreportage die ganze Angelegenheit damals erst einmal abgehakt, aber nie ganz vergessen. Monate später holte mich der bürgerliche Alltag hinter dieser Geschichte ja auch wieder ein. Offenbar mahlten die Mühlen der Gerechtigkeit, einmal angestoßen, auch ohne Zutun relevanter Kräfte in ihrer sprichwörtli-chen Langsamkeit aber unaufhaltsam weiter und der Erfolg der vielleicht sogar eher absichtslosen behördlichen Nachforschungen mündete eben genau ein Jahr später in dieses relativ hoch angesiedelte Strafverfahren in einem bajuwarischen Gerichtssaal, mit keiner anderen Kronzeugin als meiner Wenigkeit.

Eingerahmt von einer beeindruckenden Vielzahl von Rechtsvertretern drückte sich in der gerichtlichen Großveranstaltung ein halbes Dutzend Kleinkrimineller – so immerhin mein erster Eindruck – auf einer langen Anklagebank rum, jeweils getrennt voneinander durch uniformierte Justizbeamte. Sie wirkten für mich rein äußerlich wie die kleinen kriminellen Handlanger, deren Bestrafung der Staat sich angelegen sein lässt, um der Gerechtigkeit zu genügen, während die »Hintermänner« oft ungeschoren davonkommen.

Meine Funktion als Kronzeugin in diesem Strafverfahren ergab sich daraus, dass der Name der einzigen weiblichen Angeklagten unter dem halben Dutzend männlicher Angeklagter auf der Anklagebank, auf der mir zugegangenen zweiten Nuklearofferte gestanden hatte.

Es passierte, als der Richter mir, nachdem ich in den Zeugenstand gerufen worden war, eine aus meiner Sicht eigentlich irrelevante Frage stellte. Ich sollte nämlich nach meinem Eindruck aussagen, ob die Angeklagte als Maklerin diverser Edelmetalle mit den zur Debatte stehenden radioaktiven Substanzen gewerbsmäßig handelte oder nur eher zufällig.

Nach einem kurzen Blick auf das Häuflein Elend da auf der Anklagebank, das angstvoll wie ein gefangenes

Tier auf meine Reaktion wartete wie auf einen Todes-
stoß, antwortete ich dem Richter, dass ich mir nicht
vorstellen könne, dass die Angeklagte eine Drahtzie-
herin in dieser Schmugglerbande sein könne und vermutlich eher zufällig in diese Sache reingerutscht sei.

Mit meiner Aussage brachte ich sozusagen im Hand-
streich den Prozess gleichsam zum Platzen. Er implo-
dierte geräuschlos im anschließenden tiefen Schweigen und reduzierte den intendierten Megaprozess
durch diese vollkommen unspektakuläre Aussage auf
eine mehr oder weniger alltägliche banale kleine Ge-
richtslappalie.

Die Staatsanwältin betrachtete mich fortan mit einer
Mischung aus ungläubigem Erstaunen und wachsen-
dem Ekel und glaubte mir ostentativ kein einziges
Wort mehr. Gewissermaßen nachvollziehbar angesichts der zunehmend hinderlichen Verständnis- und
Erinnerungsmängel meinerseits während meiner weiteren Befragung.

Trotz der eingestandenen Unsicherheiten in meiner
Zeugenaussage wurde ich auf Wunsch der Verteidigung schließlich auf meine Aussagen hin vereidigt – so
wahr mir Gott helfe! Im Schutze dieser gnädigen Relativierung eidlicher Ausschließlichkeit ließ ich meine
Vereidigung zu, begreife ich den religiösen Zusatz zur
säkularen Eidesform doch auch als juristischen Ablass
für absichtslosen Irrtum. Ich sollte mich später noch
sehr darüber freuen, damals auf dieser christlichen
Eidesformel bestanden zu haben.

Schon beim Hinausgehen beschlich mich seinerzeit – und, wie wir heute wissen, nicht ganz von ungefähr – mein berühmter sechster Sinn für Gefahr. Ich
hatte plötzlich das unerklärliche Gefühl, unter einem
Damoklesschwert herzulaufen, seit alters her Sinnbild
für schwebendes, unentwirrbares Unheil. Und so war
meine spätere Verhaftung denn auch beredter Beweis
dafür, dass ich mich auf dieses Gefühl felsenfest verlassen kann und das zu meinem eigenen Besten auch
immer beherzigen sollte.

Die Rache der Staatsanwältin muss mich allerdings
ohne mein Wissen von diesem Zeitpunkt an wie ein
böser Schatten verfolgt haben. Ich hatte sie der Lä-
cherlichkeit preisgegeben. Vor aller Öffentlichkeit
auf ihrem Traumverfahren sitzen gelassen, um dafür
einer kleinen Vorstadtgaunerin möglicherweise den
Weg zurück in ihre angeschlagene Bürgerlichkeit zu
ermöglichen.
Dass dies dem Richter wohl genügt hatte, das gesamte Verfahren als unbedeutend einzustufen, obwohl
die Vermutung einer Zeugin eigentlich nicht rechts-
relevant und insofern juristisch durchaus anfechtbar
sein konnte, mag wohl der schmerzendste Nagel im
Fleisch der Staatsanwältin gewesen sein. Und an diesen Nagel hängte sie nun auch dieses Meineidsverfah-
ren gegen mich. Ein Meineid zugunsten einer miesen
kleinen Waffenschieberin, die sich nun mit einer kläg-
lichen Bagatellstrafe aus der Affäre ziehen konnte. Für
die Staatsanwältin muss es wohl für meine Aussage

nur eine plausible Erklärung gegeben haben, nämlich dass ich in die Sache persönlich involviert wäre. Umso mehr muss sie sich im Nachhinein darum bemüht haben, Stück für Stück die passenden Gesetzesfallen aus ihrer staatsanwältlichen Requisitenkiste auszulegen.

Und natürlich gelang es ihr in der Folge mühelos, mir mit ihrer staatsanwaltlichen Meineidsklage einen nachgerade gewaltigen Tiefschlag zu versetzen, von dem ich mich so lange nicht erholen werde, wie sie mich jederzeit und augenblicklich schachmatt setzen kann.

Grundsätzlich entspricht es überhaupt nicht meinem Charakter, vor Schwierigkeiten davonzulaufen. Aber Chief Pollner zeigte deutliche Stresserscheinungen. Eine geeignete Strategie zur unverzüglichen Schadensbekämpfung musste so rasch wie möglich entwickelt werden.

Uns war klar, dass sich meine Aussichten auf eine faire Gerichtsbarkeit zum gegenwärtigen Zeitpunkt eher gegen null eingependelt hatten vor dem Gegengewicht des konkurrenzlosen Waffenarsenals der Staatsanwältin. Tatsächlich konnten sie im Hinblick darauf, dass mein Haftbefehl keineswegs aufgehoben, sondern nur befristet ausgesetzt wurde, eigentlich schon jetzt als zu meinen Ungunsten entschieden angesehen werden. Da blieb also doch nur noch Flucht ins Ausland als letzte Option der Gegenwehr. Die schlechteste aller Lösungen – aber die einzige!

Bis spät in den Freitagabend begaben wir uns in

Klausur, das heißt Chief Pollner, einige weitere Ent-
scheidungsträger vom Sender und ich im Rahmen
eines rasch gebildeten kleinen Gremiums, dem sogenannten »Jacky Krisenstab«. Eine rasche Lösung,
und zwar »ohne Umweg über Jackys Leiche«, wie sich
Chief Pollner ausdrückte, um mich dem Zugriff der
deutschen Justizbehörden zu entziehen. Diese würden
vermutlich lange Zeit brauchen, »um ihren Blödsinn
selbst aufzuklären«.

Wohin konnte man mich schicken? Pollner wusste
sofort die Antwort. Es kam nur Beirut (Libanon) als
Fluchtort infrage. Erstens hatte ich dort in früheren
Zeiten schon einige Jahre als politische Korresponden-
tin für diverse internationale Printmedien gearbeitet,
zweitens hatte ich Verwandte in Beirut, eine Cousine
meiner Mutter mit ihrem libanesischen Mann, und
drittens war Chief Pollner schon seit längerer Zeit an
der Spurensuche nach dem berüchtigten NS-Schergen Alois B. interessiert, von dem man wusste, dass
er wenige Jahre nach Kriegsende irgendwo im Vorderen Orient untergetaucht war. Chief Pollner war sich
eigentlich im Klaren darüber, dass ich es nicht schaffen würde, Alois B. wo auch immer aufzuspüren, was
bisher noch keinem Headhunter gelungen war. »Aber
wir müssen nun mal dem Baby, sprich deinem Aus-
landsauftrag, einen Namen geben«, wie er meinte. Ich
musste dafür versprechen, dass ich ihm jede Woche
einen zündenden Bericht von den Krisenschauplätzen
im Vorderen Orient zukommen lassen würde.

»Denk dir was aus, wenn's sonst nichts gibt – umsonst ist der Tod!«

Hochzufrieden mit seinem Hilfsprojekt zeigte sich Chief Pollner nun auch von seiner spendablen Seite. Ausgestattet mit einem großzügigen monatlichen Spesenbudget musste ich kurioserweise meinem eher misslaunigen Schicksal dankbar sein für diesen begnadeten Nebeneffekt meines ansonsten nicht zu leugnenden Unglücks. Und Flucht als Mittel gleich mehrerer, noch dazu beruflich legitimierter Zwecke ist auch im Sinne meiner eigenen, eher konservativen Verhaltensmaximen durchaus vertretbar.

Wichtig war nun vor allem, so rasch wie möglich noch einen zeitlich passenden Flug zu buchen. Alle möglichen Flugpläne wurden durchforstet. Da es an den beiden folgenden Tagen keinen Direktflug nach Beirut gab, wurde schließlich ein Flug von Dortmund nach Amsterdam und von dort nach Larnaka (Zypern) ausgewählt. Danach würde ich dann nach einer Übernachtung in einem Hotel in Larnaka um sechs Uhr morgens eine Flugverbindung nach Beirut haben. Höchstpersönlich diktierte mir Chief Pollner als letzte Amtshandlung in eigener Sache die behördlich angemahnte Anmeldung meiner Auslandsreise »zu Reportagezwecken in den Libanon«, zeichnete sie gleich ab und gab sie auch höchstselbst an die Postabteilung weiter. Damit stand meiner Abreise in den Libanon nichts mehr im Wege.

In Erinnerung an die Schrecken der letzten Tage und Wochen hatte ich die letzte bange halbe Stunde vor dem Einchecken in der Wartehalle vom Flughafen in Shipol (Amsterdam) schließlich hinter mich gebracht. Mit unverhohlener Erleichterung hatte ich die Passkontrolle durchquert. Aber erst über den Wolken beruhigte ich mich langsam bei leichtem zyprischen Rotwein von dem Hindernislauf in den letzten Wochen.

Dann rief ich erleichtert über das Bordtelefon einige Verwandte und Freunde an. Als Erstes musste Chief Pollner darüber informiert werden, dass soweit alles glattgegangen war mit meiner Flucht. Ein konspirativ knappes »Okay, machen Sie's gut« wart dann aber alles, was er dazu zu sagen hatte. Keinerlei Begeisterung für den romantischen Aspekt subversiver Situationen in dem Kerl! Abgehakt hatte er meinen Fall – die Karavane zieht weiter! Andererseits hatte er die Konfrontation mit dem Untersuchungsrichter stellvertretend für mich wahrscheinlich noch vor sich.

II. Eine Kriegsberichterstatterin im Nahen Osten

1. Flucht nach Larnaka und Beirut

A uf einem der winzigen Balkone meines wohltuend schlichten »Vier Laternen«-Hotels genieße ich später, direkt über der Strandpromenade von Larnaka, die feuchtweiche, immer noch warme Luft des zyprischen Spätherbstes. Alles liegt zum Greifen nah vor mir in einer fast schmerzhaft unkomplizierten, pittoresk überschaubaren kleinen Welt, außerhalb jeglicher Realität, so will mir scheinen. Und ziemlich bald fühle ich mich auch wieder leicht und beschwingt und stark genug für mein neues Leben, auch wenn es ein Leben auf der Flucht sein soll. Es grenzt schon ans Wunderbare, wie schnell der Mensch sich auf neue Situationen einstellen kann, indem er kaum bewältigte Schrecknisse hinter sich lässt, als seien sie seit hundert Jahren schon abgehakt. Es muss die Atmosphäre hier sein, gerade in Hotels wie diesem, das freundlich und funktionell vernünftig seine Gäste nicht mit übertriebenem Komfort belästigt, der in diesen Breitengraden aufgrund unvermeidlich mangelhafter Wartung und Pflege in der Regel schnell eine unangenehme Patina auflegt.

In solchen sogenannten Tante-Emma-Hotels erfährt man eine ortsgebundene Gastfreundschaft, in der man sich bei aller Fremdheit aufgehoben und geschützt fühlen kann. Hier verselbständigt sich kein Mikrokosmos, der den Gast seinem Gastland entzieht und ihn stattdessen in der synthetischen Ambiance westlicher Konsumgewohnheiten festhält. Und ihn letztlich daran hindert, sich auf Land und Leute einzulassen und – wenn auch nur für die kurze Zeitspanne eines Urlaubs – einzutauchen in deren Kultur.

Hier geht es mir jetzt richtig gut, und in Erwartung einiger Happy Hours, wie man sie neuerdings auch in Deutschland als Teil eines modernen Lebensgefühls zu feiern beginnt, verfremde ich vorher schnell ein langes buntes Nachthemd als Strandkleid und strebe über einen breiten Sandstreifen den Wellen des Mittelmeers zu. Flucht à la Larnaka – was für ein Glücksgefühl! Möge Gott sie beschützen, die Zyprioten auf ihrem sonnenverwöhnten Eiland!

Am nächsten Morgen lagern Dunstschwaden über der Bay von Larnaka, als ich durch den zertretenen, zu dieser frühen Stunde merkwürdig grauschweren Sand stapfe und den Fischern zuwinke, die schon von ihrer nächtlichen Ausfahrt zurückkehren. Ein letztes Mal vor dem allzu frühen Abflug nach Beirut habe ich mich eben noch einmal genießerisch dem warmen Wasser des Mittelmeers überlassen und dieses besondere Wohlgefühl so lange wie möglich hinauszuzögern versucht in der Erinnerung an das Novemberwetter in Deutschland, dem ich gerade erst entkommen bin.. Nichts mehr ist übrig geblieben von der gestrigen

Vorfreude auf Beirut. Bleiern wie der Nebel über dem Meer scheint auch meine Zukunft sich unversehens wieder ins Unergründliche verdichtet zu haben.

In die gelassen plätschernden Wellen zu meinen Füßen mischt sich der Silberschein des frühen Morgenhimmels. Wenn ich einfach nur hierbleiben könnte! Aber auch die Natur, wenn auch noch so schön und verlockend wie diese, schützt uns nicht gegen die menschlichen Verstrickungen, die uns aus unserer Zivilisation anhängig bleiben. Sie erlaubt uns gerade mal ein Innehalten vor ihren eigenen unendlichen Dimensionen und, wenn es gelänge, angesichts ihrer Erhabenheit vielleicht eine lindernde Relativierung unserer Ängste und Nöte. Auf meiner Flucht gen Osten könnten mir an diesem nur vermeintlich wirklichkeitsfernen Flecken der Welt wahrscheinlich schon die Fischer meine Illusionen von heiler Welt und Geborgenheit ausreden.

Ganz untypisch für meine sonstige Gewohnheit bin ich nach meinem frühmorgendlichen Fischeridyll viel zu zeitig am Flughafen eingetroffen und schon deshalb schrecklich unzufrieden mit mir selbst. Die Formalitäten für den Abflug nach Beirut sind schnell erledigt, die Coffeeshops noch geschlossen, und so bleibt mir nichts weiter übrig, als mir die nächsten sechzig Warteminuten auf der Dachterrasse des sonst freundlichen kleinen Flughafens zu vertreten. Hätte ich diese Zeit doch noch am Strand bei den Fischern verbracht!

Inzwischen hat sich der Morgendunst aufgelöst. Unter dem jetzt ungetrübten Blau des Himmels und den ineinanderfließenden weißen Linien von Sitzbänken und Absperrungen vergeht mir langsam die Ungeduld mit mir selbst. Ich finde sogar Muße genug, mit mitfühlendem Schmunzeln ein Liebespaar dabei zu beobachten, wie es innig voneinander Abschied nimmt. Von dem jungen Mann kann ich zunächst nicht viel mehr sehen als die Jeansuniform seiner Generation, denn er ist unter der Kaskade blonder Locken seiner Partnerin verborgen und will daraus offensichtlich nie mehr auftauchen. Wie gut kann ich ihn verstehen! Für diese beiden jedenfalls hat die mir eher unliebsame Wartezeit eine unverkennbar immense Bedeutung. Diese vollkommene Loslösung von ihrer Umwelt lässt in mir Erinnerungen wach werden an ähnliche Abschiedsszenen, in denen ich selbst die Hauptrolle spielte. Wie in einem Kaleidoskop schütten sie sich aneinander, meine Erinnerungen an solche Szenen, begleitet von den höchsten und auch wieder tiefsten Gefühlscrescendien und die aufeinanderfolgenden Schicksalsfacetten, die so reich und bunt in mein Leben spiegelten. Im Augenblick hier in der Sonne auf dem Flughafendeck sehe ich alles mal wieder nur positiv.

Als es irgendwann Zeit für mich wird, wieder in die Abflughalle hinutzergehen, trennt sich gerade auch unser Liebespaar – ein wahrhaft herzzerreißendes Bild. Und kaum ist die junge Frau in den Gateways verschwunden, da setzt ihr Liebhaber an zu einem beispiellosen Hürdenlauf über die Geländer der Dachterrasse, unverkennbar getrieben von der Hoffnung, irgendwo irgendwie vielleicht doch noch einen letzten Blick von ihr zu erlangen. Einen Augenblick lang scheint die Liebesarie aus Mozarts Zauberflöte durch die Luft zu wehen – wenn Liebe, dann nur so!

Der halbstündige Flug nach Beirut durch den jetzt azurblauen Himmel lässt meine Zukunftssorgen abflauen. Ich denke angestrengt über die zuallererst notwendigen Schritte nach, um meinen Auftrag zur Spurensuche von Nazi B., aber auch für die wöchentlichen Kurzreportagen auf den Weg zu bringen.

Es wird von der Professionalität meiner Arbeit abhängen, ob diese nicht nur vorgeschoben als Anlass und Alibi für meine Flucht vor der deutschen Justiz bestehen kann und natürlich in finanzieller Hinsicht auch als ihr unverzichtbares Schmiermittel. Es wird ungewöhnlich viel Aufwand an Zeit, Konzentration und professioneller Logistik erfordern, in einem bürgerkriegszerstörten und demoralisierten Land wie dem Libanon Selbstverständlichkeiten wie Informationskontakte herzustellen, so lange, wie die Position nicht zu einem ständigen Korrespondentenstandort ausgebaut werden soll. Also werde ich für eine fakultative, aber dennoch einigermaßen professionelle TV-Crew sorgen müssen, damit sich Beobachtungen, Berichte und Einschätzungen des Geschehens in dieser außerordentlich nachrichtenintensiven Region vernünftig aufbereiten lassen.

Jede Woche will der Chief wenigstens eine Reportage von mir haben, auch damit er sie Justitia vorzeigen kann, und der Gedanke daran, wie ich das so aus dem Stegreif hinkriegen soll, bereitet mir schon jetzt einiges Kopfzerbrechen. Ich müsste aus meiner Zeit als Nahostkorrespondentin im Vorkriegs-Beirut noch etliche gut ausgebildete Kameraleute kennen, aber ob sich diese nicht wenigstens teilweise aus den gerade für ihre Zunft besonders gefährlichen Bürgerkriegs-wirren längst nach Europa oder in die USA abgemeldet haben, wird sich erst noch finden müssen.

Wie immer bei meinen Flügen in den Orient fasziniert mich auch jetzt wieder dieses sonnengleißende, wellengekräuselte Glitzern des Mittelmeers unter mir in seinem vieltönigen aquamarinen Blau. In solchen Augenblicken scheint mir in einem unendlichen Glücksgefühl das Leben so nah wie das Sterben. Der Orient insgesamt begeistert mich sowieso immer wieder aufs Neue und ist mir in den Jahren meiner mit Unterbrechungen fortgeführten journalistischen Tätigkeit in den Ländern des Nahen Ostens trotz der scheinbaren Kontroverse zwischen seiner erhabenen Vergangenheit und seiner auf den ersten Blick eher mediokren Gegenwart zur zweiten Heimat geworden.

Als ich am späten Vormittag in Beirut aus dem Flugzeug steige, frappiert mich sofort wieder die salzige, feuchtschwere Luft, die dem Libanon so eigen ist. Das Abenteuer Libanon beginnt immer schon auf dem Beiruter Flughafen. Zweifellos im Dauerzustand einer umfangreichen Generalüberholung lässt eine labyrinthische Verschachtelung roher Betonwände keinerlei

Orientierung zu. Einzig der immer wieder beeindruckende Blick auf das gleich hinter den Runways ansteigende Libanongebirge gibt Standort und Richtung an.

Überall stehen Soldaten und in Zivil gekleidete Ge-
heimdienstler in Bereitschaft vor einer Vielzahl von
Porträts, die ihren syrischen Landesherrn mal in Feld-
herrenpose, mal im Beduinenlook, mal wiederum in
Safarilaune mit flotter Sonnenbrille, immer aber mit
dem milden Lächeln des guten Onkels von nebenan
verewigt, während dieser doch inmitten mafiaähn-
licher Strukturen wesentliche Fäden zum Geschick
des Nahen Ostens durch seine blassen dünnen Finger
gleiten lässt.

Ich selbst brauche jetzt meine ganze Aufmerksamkeit,
um mein Gepäck vollzählig am Zugriff der wartenden
Zollbeamten vorbei aus dem Flughafen zu schaffen
und dann vor allem ein halbwegs vernünftiges Taxi
zu finden, das mich ohne preistreibende Umwege ins
Commodore-Hotel im Zentrum von Hamra bringt.

Am Ausgang der Flughafenhalle hat mich der Orient sofort wieder fest im Griff. Die noch immer sehr
warme Mittelmeerluft explodiert förmlich im Getöse
unzähliger Autohupen, im schier unerträglichen Lärm
ankommender Flugzeuge auf einer nur wenige Meter
entfernten Runway, im vielstimmigen Rufen blumen-
schwenkender, wartender und zusammenfindender
Familien und vor allem im Gebrüll marktschreieri-

scher Taxifahrer, Kofferträger und der in Bataillons-
stärke herumstehenden Polizisten.

All dies Gedränge und Gewoge in einem stinkenden
Gemisch von Staub und Dieselschwaden, das einem
schier den Atem nimmt. Das ganze Tohuwabohu setzt
sich nahtlos fort im Stop-and-go durch die Bidonvilles
am Stadtrand bis in die etwas heruntergekommene
Hamra, ja bis vor die Tür des guten alten Commodore-
Hotels. Dessen Fassade im Stil der sechziger Jahre
scheint auf den ersten Blick unversehrt, eine Reihe
internationaler Fahnen weht vertrauensbildend an
hohen weißen Stangen über dem Eingang, auch das
Umfeld hat sich nicht sonderlich verändert. Die ver-
traute, allerseits beliebte Lobby von einst allerdings
wurde unter dem Zwang der Nachkriegsreparaturen
designerisch modernisiert, in der Art und Weise, die
eine Nostalgikerin wie ich als schmerzlich empfinde.

Der moderne Komfort meines Zimmers versöhnt mich
immerhin schon mal mit dem Tempo zeitbedingter
Veränderungen. Vor vielen Jahren hatten die durch-
gelegenen Matratzen, die Patina der verwohnten Ho-
telzimmer mir nicht viel ausgemacht. Sie gehörten zur
berufsbedingten Normalität meines unsteten Jour-
nalistenlebens. Ich hoffe sehr, dass ich inzwischen
doch über den Teil meines Berufs hinaus bin, wo es
immer mal wieder vorkam, dass allein ein wattierter
Anorak mir Schutz und Wärme geben musste für ein
paar Stunden unruhigen Schlafs in der Nische einer
offenen Haustür oder der am wenigsten zugigen Ecke

eines ausgebrannten Gebäudes in weiß Gott welchem Krisengebiet.

Am späten Nachmittag des nächsten Tages bemühe ich mich um ein halbwegs vertrauenswürdiges Gefährt für die Fahrt in das knapp zehn Kilometer entfernte Villenviertel von Jarze. Dort wohnt eine Cousine meiner Mutter mit ihrem Mann hoch über einem felsigen Waldstück vor einem atemberaubend schönen Panorama von Beirut und der libanesischen Küste. Ein vormals gelbfarbenes Taxi, dessen Vorderhaube und Kotflügel bei jedem der zahlreichen Schlaglöcher abheben, als wollten sie uns in die Lüfte emportragen, bringt mich stotternd und klappernd bei einfallender Dunkelheit durch die Beiruter Vororte, deren abendlicher Lichterglanz ihre teilweise unverändert trostlose Verfallenheit infolge von Kriegsschäden und Nachkriegsdepression gnädig überstrahlt. Dahinter geht es nun hinauf in die Ausläufer des Libanongebirges, und wenige Minuten später erreichen wir das Villenviertel von Jarze, wo meine beiden miteinander alt gewordenen Verwandten in ihrer schlichten, wiewohl ausladenden Villa wohnen.

Der Empfang ist wie immer herzlich und laut. Cousine Idda, rothaarig und sommersprossig wie der Großteil ihrer (und meiner) Familie, hat sich in der levantinischen Diaspora ihre dänische Eigenständigkeit erstaunlich uneingeschränkt bewahrt. Sie fliegt mir jetzt regelrecht um den Hals, ungeachtet der Tatsache, dass sie sich ebenso wie ihr Mann altersmäßig schon hoch in den Siebzigern befinden muss.

An ihr liebe ich vor allem diese eindringliche Aura ihres von gelassener Genügsamkeit geprägten Lebensgefühls, das sie, wo auch immer, Teil ihrer seeländischen Heimat bleiben lässt.

Mit liebevollem Schwung schiebt sie mich vor sich her in das in ruhigen hellen Tönen eingerichtete Kaminzimmer, in dem schon ein flackerndes Holzfeuer wohlige Gemütlichkeit verströmt.

Ihr Mann legt noch ein paar zusätzliche Holzscheite auf, bevor er seinen angestammten Ohrensessel schräg vor das Feuer zieht, in dem er es sich offensichtlich schon vor meiner Ankunft bequem gemacht hatte. Denn neben ihm auf einem kleinen Beistelltablett leuchtet ein halbgefülltes Glas Rotwein, daneben auf einer Untertasse ein zerkrümeltes Käsebrot.

Idda bemerkt meinen Blick und spöttelt verschmitzt: »Das ist sein Frustbrot, und so behandelt er es auch, seit er keine Süßigkeiten mehr essen darf. Er ist mir neulich fast von der Fahne gegangen bei einer Diabeteskrise. Und dann fand ich hinterher in fast allen Vasen seine dort heimlich gehortete Schokolade und ähnliches verbotenes Zeugs.«

Unwillig winkt der alte Mann alle weiteren Ausführungen dazu ab und wechselt lieber das Thema. »Du wohnst doch bei uns, Jacky? Hast du deine Sachen dabei?«

»Ich glaube, es ist besser«, antworte ich ihm zögernd, »dass ich diesmal im Hotel wohne und mich hier bei euch auch nicht zu oft sehen lasse. Es könnte für euch gefährlich sein. Es geht nämlich bei meinem neuen Reportageauftrag – fürs Deutsche Fernsehen diesmal – um einen international gesuchten Naziverbrecher, der sich seit den fünfziger Jahren bei euren östlichen Nachbarn versteckt hält.«

Aus Iddas Gesicht ist bei der Beschreibung meines Reportageauftrags das Lächeln verschwunden. Sie blickt nun sogar erkennbar bekümmert auf die funkensprühenden, anheimelnd knackenden Holzscheite im Kamin.

Ihr Mann, ein früherer Rechtsprofessor und langjähriger Vorsitzender der libanesischen Richterkammer, der immer noch als Rais (Präsident) tituliert wird, mustert mich hingegen mit dem Ausdruck ernster Besorgnis in seinem breiten, gütigen Gesicht. »Der Mann wird sich ja wohl nicht einfach so vorführen lassen«, sagt er langsam, jedes Wort betonend. »Ausgerechnet du willst den libanesischen Geheimdienst herausfordern? Du müsstest eigentlich selbst wissen, dass allein schon der Versuch, deine Zielperson anzupeilen, lebensgefährlich für dich sein kann. Der Mann wird zweifellos umgeben sein von einer ganzen Staffel von Garden, welcher Nationalität auch immer.«

»Was ich gern von dir wissen würde«, versuche ich einen dringend angesagten Themenwechsel, »ist natürlich die Aktionsbreite, innerhalb derer ich hierzulande als ausländische Journalistin legitim arbeiten kann. Da müsste es eigentlich egal sein, ob ich über das nationale Bruttosozialprodukt recherchiere oder

über den Verbleib eines deutschen Naziverbrechers.«
Dabei versuche ich, so unbefangen wie möglich zu erscheinen.

Der Rais schüttelt unwillig den Kopf. »Jacky, man sollte meinen, du wärst eine von diesen Pressegrünlingen, die man uns für drei Tage hierherschickt, damit sie mit irgendeiner Räuberpistole im Koffer den heimischen Gazetten zu Auflagenerhöhung verhelfen. ,Aktionsbreite!' Was erzählst du da für einen Blödsinn?«

»Na ja«, verteidige ich mich beleidigt, »ich muss schon ein bisschen darauf achten, nicht gleich ins Visier der libanesischen Justizbehörden zu geraten, weil ich irgendwelche Auflagen für ausländische Pressevertreter außer Acht gelassen oder auch die nötigen Passierscheine für den Zutritt zu staatlichen Institutionen oder militärischen Sperrgebieten nicht rechtzeitig besorgt habe. Auch Versäumnisse aus Unkenntnis können mir irgendwann als Stolpersteine in den Weg geworfen oder meinetwegen auch als Inhaftierungsgrund vorgeschoben werden – die Presserestriktionen für Ausländer können sich seit meinem letzten Einsatz im Libanon wohl kaum fundamental verbessert haben, oder?«

Als mein Gegenüber keine Anstalten macht, auf mein Stakkato zu antworten, schiebe ich noch schnell eins meiner Lieblingsargumente hinterher, nämlich dass ich für den Fall meiner Inhaftierung ganz ohne Frage die bequemeren Gefängnisse in Deutschland vorziehen würde statt der libanesischen. »Ich gebe mich keinen Augenblick lang Illusionen darüber hin, dass journalistisches Arbeiten gerade im Libanon ein dauernder Balanceakt ist inmitten des normalen behördlichen Chaos und dann zwischen Verdächtigung und Duldung. Aber ich muss unbedingt wissen, wo meine Grenze verläuft, weil ich nun mal nicht das Zeug zur Märtyrerin habe! Schon gar nicht in fremden Angelegenheiten, nachdem ich zuhause in eigener Sache gerade erst einem drohenden Martyrium entkommen bin.« Nun bleibt mir natürlich nichts anderes übrig, als in kurzen Zügen die Ereignisse zu schildern, die zu meinem gefährlichen Auftrag geführt haben. Genau das hatte ich meinen lieben Gastgebern eigentlich ersparen wollen.

Die haben mir mit offenem Mund zugehört. Nach einem Augenblick der Sprachlosigkeit kommt Idda zu mir herüber, setzt sich auf die Lehne meines Sessels und streichelt mir sanft über Kopf und Rücken. »Du warst immer schon ein schwieriges Kind, Jacky, das ist nicht zu bestreiten. Und wenn du's mal ganz besonders richtig machen willst, dann glaubt dir's prompt keiner. Die klassische Ironie des Schicksals. Das muss man sich mal ganz langsam auf der Zunge zergehen lassen. Eine Strafanzeige für unsere liebe Jacky bei der Polizei in Kleinkleckersdorf wegen angeblichen Meineids in einem Strafprozess gegen eine Schmugglerbande. Ich glaub, ich werd nicht wieder!« Und dann prustet sie los, und nun ist es an mir, ihr mit offenem Mund zuzusehen. Aber so ein Lachen steckt auf Dauer unweigerlich an, und ich beginne mit ihr zu lachen.

Der Rais betrachtet uns mit mildem Lächeln, aber kopfschüttelnd. Und doch hat das Lachen seine Wirkung getan und vor allem mich selbst spürbar befreit von einem unterschwelligen und irgendwie bleiernen Gefühl latenten Schuldbewusstseins, das mich in den letzten Tagen dauerhaft belastet hat. Iddas gutmütiger Flachs hat den eben noch unter mir wegbröselnden Boden wieder festgerüttelt, mir den Stein von der Seele gewälzt – welch ein Glück, dass sie da ist!

Die heisere Stimme ihres Mannes bestimmt die nächsten Minuten: »Jacky, ganz so lustig ist die Sache nun auch wieder nicht, wenn du im Ernst vorhast, damit weiterzumachen. Journalistische Recherchen wie diese stehen in unseren Breitengraden leicht unter Spionageverdacht – dafür riskiert man lange Haftstrafen und hier und da vielleicht auch mal den Tod. Das ist nichts weniger als spaßig gemeint. Ich habe einmal zwölf vermeintliche Spione auf einem Platz in Damaskus unterm Galgen baumeln sehen, ein paar davon waren Juden – kein Spaß, ganz und gar nicht. Bei euch wird man auf so etwas aber natürlich nicht vorbereitet. Weil bei euch Recherche legitim ist, auch und gerade wenn sie die Eliten ins Visier nimmt. Eure Bürger haben Anspruch auf Transparenz in Staat und Verwaltung. Im Gegenzug genießen eure Journalisten dann auch die besondere Achtung ihrer Leserschaft.«

»Na ja, ganz so problemlos funktioniert unser gesetzlicher Schutz bei der Berichterstattung in journalistischen Grenzzonen beispielsweise auch nicht, wie mein eigener Fall beweist. Andererseits sind Einschränkungen sicher auch das Resultat möglicher berechtigter Zweifel an der Lauterkeit meiner Kollegen. Wenn man dahinter immer auch reißerische Hintergedanken vermuten muss, stoßen selbst ernsthafte journalistische Recherchen bei den Zielpersonen leicht auf Widerstand. Hinzu kommt, dass unsere westliche Presse auch nicht immer über jeden Zweifel der Unparteilichkeit erhaben ist. Eine ganze Reihe solcher Beispiele von Vorteilsnahmen oder heimlichen Honorarverträgen haben auch unter meinen Kollegen den vielsagenden Spruch: ‚Wes Brot ich ess, des Lied ich sing‘, wieder aktualisiert, wenn nicht sogar in die Schlagzeilen gebracht«, versuche ich den Glauben meines Gegenübers an unsere westliche als die bessere Welt etwas zu relativieren. Der Rais breitet die Arme aus, wie um in solch pathetischer Gestik die höhere Gewalt hinter allen Problemen dieser Welt zu umfassen.

Er stochert in den sprühenden Holzscheiten herum, ungeachtet der Funken, die auf den schon etwas ramponierten Parkettboden vor dem Kamin fallen und dort einen Moment noch weiterglimmen. Nach einem tiefen Aufseufzen lehnt er sich wieder zurück und reibt sich bedächtig die knorrigen Finger. Dann greift er das Thema aber doch noch mal auf: »Keine Sorge, Jacky«, gestikuliert er lebhaft, den Schelm in den großen, schwerlidrigen Augen, »ich habe meine anwaltliche Approbation immer noch und werde dich natürlich verteidigen, wenn du wegen Spionage angeklagt werden solltest. Und ich schwöre dir, es wird eine großartige Verteidigung werden. Alle meine Kollegen werden dabei zugegen sein. Es wird ein richtiges Fest werden!«

»Hoffentlich kein Schlachtfest«, gebe ich zurück.

Irgendwie erscheint mir der Spaß meines Freundes an der hypothetischen Situation meiner gerichtlichen Involvierung hier schon ein wenig überzogen. Nicht von ungefähr kommt es mir vor, als tauche hinter ihm der feixende, schenkelschlagende Chief Pollner auf. Das könnte dem so passen! Alle hätten weiterhin ihren Spaß, nur ich selbst würde wohl kaum noch Sinn für Komik aufbringen können. Im Vergleich zu dem von Iddas Mann eben beschworenen Szenario wäre mein immer noch anhängiger Einzelkampf gegen die geballte Übermacht der deutschen Justiz dann wohl eher ein Sonntagsspaziergang gewesen. Jetzt schien mir ein Themen- und Szenenwechsel dringend geboten. Also folge ich Idda in die Küche, um mit ihr gemeinsam einen Abendimbiss vorzubereiten und um mich nach Neuigkeiten aus unserem gemeinsamen Familien- und Bekanntenkreis im heimischen Helsingör zu erkundigen.

Als wir später am Kopfteil einer riesigen Tafel im Esszimmer sitzen, vor einem großen Teller mit einer Auslese von Iddas Smörrebroed und diversen Salatvariationen, bedankt sich ihr Mann betont artig dafür – bei mir! Mit der listig nachgeschobenen Begründung, dass er ohne die Gelegenheit meines Besuches wohl wie üblich hungrig zu Bett hätte gehen müssen. Dabei beobachtet er mit unverhohlener Genugtuung, dass Idda diese Art seiner Bemerkungen ziemlich humorlos zu übergehen versucht, indem sie mir einen Teller anreicht, der beladen ist mit diesen herrlichen dänischen Gaumenfreuden, die ich so lange vermisst habe. Ein hohes Lob meinerseits für ihre Findigkeit, auch in diesem Teil der Welt dänische Fisch- und Schinkenprodukte ausfindig zu machen, neutralisiert unmerklich die leicht gespannte Stimmung zwischen den beiden immer noch eigendynamischen Lebenspartnern. Nach Meinung meines Vaters so wichtig für eine Partnerschaft wie das Salz in der Suppe.

Nach meiner Rückkehr ins Commodore-Hotel ist mir nach dem Besuch bei meiner Cousine und ihrem Ehemann zumindest eines klar geworden: Ich werde den Auftrag von Chief Pollner, mich auf die Suche nach dem berüchtigten NS-Schergen B. im Vorderen Orient zu begeben, als das auffassen, was er ist, ein Alibiauftrag zur Rechtfertigung meiner journalistischen Tätigkeit im Libanon. Stattdessen werde ich frühere Kontakte zu professionellen Kameraleuten und TV-Journalisten mobilisieren, um zumindest den zweiten Teil des Auftrags zu erfüllen, nämlich jede Woche einen zündenden Bericht von den Krisenschauplätzen im Libanon an Chief Pollner zu senden.

2. Bei den Hisbollah-Milizen

Kurz vor Mittag des nächsten Tages treffe ich in den schmutzstarrenden Korridoren des Presse- und Informationsministeriums meinen alten Freund Bob, Chef vom Dienst des überregionalen arabischen Wochenmagazins »Orient Observer« (O.O.), für das ich vor etlichen Jahren unter anderem die Rubrik »Brief aus Europa« geschrieben habe, bis der Herausgeber wechselte, dessen neue, von Saudi-Arabien diktierte Linie ich nicht unterstützen wollte.

Bob hat noch an Beleibtheit zugenommen und ist mit seiner untypischen XXL-Körpergröße unter seinen in der Regel eher untersetzten Landsleuten eine imposante Erscheinung. Er lächelt hinter seiner runden Brille freundlich auf mich herab. Eingeweihte wissen, dass das schon der Gipfel an Herzlichkeit ist, deren er fähig ist.

»Na, Bob, immer noch beim O.O., auch wenn euer Fähnlein nun rechtswindig weht?«

»Meinetwegen kann der Wind sich drehen, wie er will, Jacky, solange er dich herweht, soll's mir recht sein.« Wir fallen uns in die Arme und dabei auch fast noch rückwärts eine Treppe hinunter, auf die wir bei unserer Wiedersehensfreude gar nicht geachtet haben. »Wenn Leute wie du wiederkommen, dann kann es mit diesem Land nur wieder aufwärtsgehen«, sagt Bob und schämt sich ein bisschen über seine Rührung, als er die Balance wiedergefunden hat.

»Charmante Begrüßung, Bob, ausgerechnet von dir altem Griesgram«, freue ich mich. »Aber vergiss nicht, ich habe mindestens die Hälfte eures Bürgerkriegs vor Ort mitgemacht, bin also nicht unbedingt eine Schönwettergarantie.« Und dann hake ich ihn unter und vereinnahme ihn unverblümt und ohne ihn zu fragen zu meiner Begleitung durch das Labyrinth der Anlaufstellen zwischen kompetenten und nicht kompetenten Sachbearbeitern, die zur Legalisierung meiner Zulassung als Auslandskorrespondentin leider nicht weggeräumt werden können.

Bob jedenfalls, in Pressekreisen und also auch in diesem Haus bekannt und geachtet, ist genau der Glücksfall, den ich jetzt brauche, um diese mehr als lästige Pflichtübung schnell und problemlos hinter mich zu bringen. Vor allem bleibt es mir in seiner Gegenwart erspart, die mit mehr oder minder diskretem Hüsteln aufgehaltenen Hände der niederen und mittleren Beamtenschaft mit Schmiergeld zu füllen, die andernfalls aus meiner Anmeldung einen schier endlosen Hürdenlauf machen könnten. Solange aber Bob dabei ist, würde sich niemand trauen, auch nur zu zwinkern, geschweige denn mich wie einen Spielball zwischen all den Backschischanwärtern hin und her zu schicken, bis sich meine Taschen irgendwann mal dann doch geleert hätten – und zu meiner großen Erleichterung sind wir auch relativ zügig wieder draußen.

Ein arabischer Kaffee in der nicht minder verdreckten Kantine gerät zur Ekeleinlage, und als wir frustriert die Flucht antreten, schlägt mir Bob vor, die miss-glückte Kaffeeeinladung in sein Büro zu verlagern.

Er garniert diesen Einfall mit einem vermeintlichen Sahnezuschlag: »Vielleicht ergibt sich dann auch die Gelegenheit, dich meinem neuen alten Herausgeber vorzustellen.«

Ich habe zwar sonst nichts Weltbedeutendes vor im Augenblick, und ein Besuch in der Redaktion des »Orient Observer« hätte ohnehin irgendwann mal angestanden. Aber ausgerechnet auf den neuen He-rausgeber des Blattes bin ich, nach einigen früheren Kostproben seiner großmäuligen Selbstdarstellung bei diversen Fernsehauftritten, überhaupt nicht neugierig. Der ölige kleine Mann hat im Auftrag Saudi-Arabiens alles aufgekauft und im Sinne seiner Auftraggeber in-doktriniert, was sich zuvor mehr oder weniger zutref-fend zur nahöstlichen Freien Presse zählte. Ein Judas seiner Zunft aus meiner Sicht, der im Auftrag von Macht und Geld die intellektuellen Anstrengungen der Libanesen in Richtung Demokratie auf dem Weg einer freien Presse seit mehr als einem Jahrzehnt nach-haltig blockiert und gegebenenfalls auch sabotiert.

So lasse ich es mir angelegen sein, das mir von ihm zur Begrüßung entgegengestreckte fette Händchen nicht einen Moment länger als nötig festzuhalten.

Froh darüber, dass ich zuvor Bob das Versprechen ab-genommen habe, mit keinem Wort meine langjährige journalistische Mitarbeit für sein Blatt zu erwähnen, verzichte ich jetzt mit dem Hinweis auf meine notorische Zeitnot auf weiteres Verweilen in diesem arroganten Ambiente und ziehe den zögernden Bob mit hinaus. Alles, was ich hier hätte erfahren können, erscheint mir a priori nicht berichtenswert.

Mit seiner Tendenz hat der O.O. auch den örtlichen Standpunkt geändert. Das Großraumbüro im christlichen Osten der Stadt hat nichts mehr gemein mit dem gemütlichen und motivierenden Ambiente der bescheidenen Verlagsetage von einst im kosmopolitischen Hama-Viertel im Westen von Beirut. Schon im Eingang wurden dem Besucher damals in Stoßzeiten im Foyer etliche Sprünge über rollende Setzerfahnen, Auslieferungspacken und die typischen Überreste heiß durchgearbeiteter Nächte abverlangt. Jetzt sitzt ein gelangweiltes Empfangsfräulein kaugummikauend hinter einem Desk mit polierter Stahlfront im permanenten Halbdunkel bastfarbener Raumteiler.

Bobs Büro besteht aus einer gläsernen Abtrennung vom Großraumbüro, die ihm den einen etwas abgehobenen Überblick erlaubt über ein Dutzend Schreibtischeinheiten inklusive Grünpflanzen, Monitore und in Papierfahnen vergrabene Schreiberlinge. Auf seinem Schreibtisch liegt offenbar eine Brandmeldung, angesichts derer Bob plötzlich richtig in Bewegung kommt.

»Jacky, das könnte auch für dich interessant sein. Du kannst gern mitkommen, aber dann sofort und ohne irgendwelche zeitraubenden Umwege.« Diese »Anweisungen« offeriert er mir im Autoritätston zwischen zwei Anrufen, die George Eins, seinen Fahrer, und George Zwei, seinen Sekretär, zum Garagenausgang ordern. »Ihr kommt nicht erst, ihr seid schon da – und habt alles Nötige dabei«, kommandiert er die beiden durch sein Mobiltelefon, während er zeitgleich seinen Gerätekoffer unter dem Schreibtisch hervorholt.

Erst auf dem Lauf zwischen Tür und Angel erklärt er mir, dass nach einer Alarmmeldung der im Südlibanon als Friedenstruppe stationierten UNIFIL-(United Nations Interim Force im Libanon)Einheit ein Bazooka[1]-Angriff der Hisbollah-Guerilla[2] auf ein israelisches Grenzdorf eine ungewöhnlich heftige israelische Gegenattacke ausgelöst hat, die gerade im Gange ist.

»Aber ihr seid doch ein Wochenmagazin – seit wann stürzt ihr euch auf Schlagzeilen?«, keuche ich, noch unschlüssig, weil überrascht von dem unvorhergesehenen Schnellstart.

»Schon okay«, gibt Bob zurück, auch er ziemlich kurzatmig in der Eile. »Wir haben mit diesen Jungs eine Vereinbarung, dass wir ihre Operationen begleiten dürfen, sobald die Sache wieder mal dramatisch wird. Das könnte jetzt sein.«

---

1 Rückstoßfreie Panzerabwehrhandwaffe (laut Wikipedia)
2 Die Hisbollah ist eine islamistisch-schiitische Partei und Miliz im Libanon. Als »Staat im Staat« kontrolliert die Hisbollah den Libanon über ihre Miliz nicht nur militärisch, sondern über ihre Partei auch politisch. (Wikipedia)

»Was ist denn für mich dabei drin?«, versuche ich zu meinen Gunsten anzuführen, als wir die Eingangshalle des Gebäudes im Eilspurt durchqueren. »Mich als Ausländerin nehmen die Hisbollah-Kämpfer doch niemals mit bei Guerilla-Aktionen.«

»Doch, doch, wenn du mit mir hinkommst, machen sie sicher eine Ausnahme. Sonst wird dich irgendjemand zurückbringen. Du kennst dich doch aus.«

Nein kann ich natürlich immer noch sagen.

Zwei Minuten später schwingt er sich auf den Vordersitz des vor dem Haupteingang wartenden Nissan-Jeeps, während ich meine liebe Not habe, mich durch den schmalen Spalt zwischen Türrahmen und hochgeklapptem Fahrersitz auf die Rückbank zu zwängen. Mit einem Fuß hänge ich noch in der Luft, da schwingt der Sitz unter George Eins schon gegen mich zurück und ohne Vorwarnung setzt sich der Wagen in Bewegung. Überhaupt verrät der Chauffeur durch seinen Fahrstil, dass Tod und Teufel seine täglichen Begleiter sind.

Statt meiner ersten Eingebung zu folgen und zu versuchen, die Truppe noch zu meinem Hotel im Hamra-Viertel umzudirigieren, damit ich dort meine neue, speziell für Krisenreportagen geeignete Filmkamera einpacken kann, entscheide ich mich eines Besseren und überlasse mich angesichts der Umstände doch lieber auf Wohl oder Wehe der Vorsehung, ganz in der fatalistischen Denktradition meines Gastlandes. Denn erstens hätte Bob mich wahrscheinlich eher wieder auf die Straße gesetzt, als auf dem Umweg durch die nachmittägliche Rush Hour der Hamra vorhersehbar viel Zeit zu verlieren. Zweitens entspricht solch ein überraschendes Abenteuerangebot eigentlich meinem Temperament, auch wenn es sich nicht gleich vermarkten lassen sollte. Zudem ist Kriegsberichterstattung nicht eben mein Spezialgebiet, und außer in Extremfällen habe ich auch gar nicht die Absicht, mir auf diesem Feld Sporen zu verdienen.

Der Not gehorchend, rede ich mir ein, dass die sprichwörtlichen Trauben nicht einfach nur zu hoch hängen, sondern wirklich auch sauer sind. Denn gesetzt den Fall, dass ich solch eine Reportage tatsächlich rechtzeitig und sicher übermitteln könnte, vorbei an den plattmachenden Nachrichtenmeldungen der internationalen Agenturen, müsste Chief Pollner sie dann nicht ohnehin weitergeben an die Schlussredaktion, ohne eigenen Ruhm abzuschöpfen? Vielleicht könnte ich Bobs Printfilmmaterial früher oder später für einen Hintergrundbericht nutzen. Diesbezüglich könnte ich mich bei ihm womöglich auf mehr Entgegenkommen verlassen als bei allen internationalen Kollegen.

Mit durchgetretenem Gaspedal geht es in die Hafengegend hinunter, wo sich das vormittägliche Getümmel aus Lastenträgern, Kommissionären, Versicherungsagenten und Scharen ihrer Auftragskunden inzwischen aufgelöst hat. Dann verlangsamen wir uns aber zusehends im stockenden Verkehr entlang der schier

unendlichen Uferpromenade, die mir aus meiner Beiruter Vorzeit in kontroverser Erinnerung geblieben
ist. Nur mühsam gelingt mir angesichts der vielfach
abgestorbenen, teilweise verbrannten und braun ver-
fransten Palmen die Erinnerung an ihre idyllische
Vorkriegsschönheit. In wenigen Minuten würden wir
überdies einen besonderen Schlüsselort meiner Existenz passieren.

Hier ist schon die Stelle, am Anfang dieser einstmals
prominenten windgefächelten Palmengalerie, unter
der etliche Generationen der ehemals feinen städtischen Bourgeoisie die kühleren Tageszeiten verbrach-
ten. Linker Hand erinnert immer noch die ausgewai-
dete Ruine der amerikanischen Botschaft hinter ihrer
hohen Abschirmung aus Containerplatten an das
Fiasko des amerikanischen Selbstverständnisses in
ihrer Nahostpolitik.

Eigentlich war dieser gewaltige Bombenanschlag, der
sie am letzten Tag des Januar 1983 zerrissen hatte, nur
das Vorspiel gewesen zu einem noch vernichtenderen
Schlag gegen die amerikanische Nahoststrategie gut
eineinhalb Jahre später, bei dem vierundachtzig GIs
ihr Leben lassen mussten.

Was das Inferno betrifft, das sich genau an dieser
Stelle abgespielt hat, war es nur diesem sonderbaren Lotteriespiel des Lebens zu verdanken, dass ich
nicht in Kleinteile zerfetzt in die jetzt so einladend
smaragdgrüne Mittelmeerbucht geschleudert wurde.

Zusammen mit einer bis heute noch unbekannten, mindestens aber zwei-, wenn nicht gar dreistelligen Zahl von Opfern. Genaue Zahlen sind nie veröffentlicht worden.

Für einen Moment überlasse ich mich meinen Erinnerungen an jenen entsetzlichen Augenblick damals.

Ich erinnere Bob an die damaligen Ereignisse an dieser Stelle, über die ich seinerzeit für sein Blatt berichtet hatte.

»Niemand hat was daraus gelernt«, gibt er verdrossen zurück und versucht, sich nach mir umzudrehen. »Vielleicht entsinnst du dich noch dieses – wie hieß er doch gleich –?, dieses amerikanischen Journalisten, der später für eines seiner Bücher über den Libanon den Pulitzer-Preis bekommen hat.«

Ich weiß, wen er meint, aber der Name ist mir im Moment nicht erinnerlich.

»Man lernt hier nicht aus der Vergangenheit, war seine ständige Rede«, fährt Bob mit einer wegwerfenden Geste fort. »Gegen den libanesischen Volkscharakter, wenn du so willst, diese Verantwortungslosigkeit angesichts selbstverursachter Missstände. Es gibt nun mal keinen Libanesen, der Fehler macht und zwangsläufig auch keinen, der aus Fehlern lernt. Fehler machen immer nur andere, am liebsten die Ausländer. Und deswegen ändert sich hier auch nichts. Man kann unser Volk mit gutem Gewissen als evolutionsresistent bezeichnen«, resümiert Bob weiter.

Erinnerungen an Ereignisse, über die ich mehrheitlich auch selbst berichtet habe, werden so, gleichsam Meter für Meter, wieder lebendig, je weiter wir im nachmittäglichen Verkehrschaos durch die südlichen Stadtviertel geschoben werden. Hier beispielsweise, vor dem Gebäude, in dem früher die kuwaitische Botschaft ihren Sitz hatte, bin ich vor vielen Jahren einmal unter die Straßenräuber gefallen, mit immerhin glimpflichem Ausgang, sonst säße ich jetzt mit Sicherheit nicht in diesem Pressejeep.

Und dort drüben, nicht weit von Jassir Arafats ehemaliger Privatwohnung im ersten Stock eines rund gebauten Gebäudes, direkt an der nächsten Straßenkreuzung, sind einmal im Abstand von wenigen Minuten zwei Autobomben hochgegangen, als ich, auch in einem Verkehrsstau, genau zwischen beiden Explosionsstellen stand und wieder einmal einem solchen Zufall mein Überleben zu verdanken hatte.

An einer anderen Stelle, knapp einen Kilometer weiter an der Küste entlang, wo mittlerweile Bauruinen in abenteuerlichem Stilgemisch auf ihre Fertigstellung zu warten scheinen, für den Fall des lang angekündigten wirtschaftlichen Aufschwungs, war gleich zu Anfang des Bürgerkriegs einer meiner nettesten Berufskollegen, ein rothaariger Ire voller Sommersprossen, verstümmelt und ermordet aufgefunden worden im Sand des schmalen Küstenstreifens vor dem Summerland Hotel. Dieses neuerdings etwas heruntergekommene, ehemals prächtige Dorado libanesischer Hotel-

und Badekultur verlor auch während der schlimmsten Phasen des noch hin und wieder nachebbenden Bürgerkriegs nie seine Funktion als abgehobenes Refugium für Superreiche alter und neuer Machart.

Während ich jetzt so, Meile für Meile, meine Reminiszenzen abfahre, sind auch die anderen Insassen im Jeep mehr oder weniger mit sich selbst beschäftigt. Erst als wir jetzt die Ausläufer der südlichen Trabantenstadt Khalde erreichen und uns über Geröll und abenteuerliche Spurrillen zum Highway nach Sidon durchschaukeln, dreht sich Bob fragend nach mir um. »Oh, Jacky, da bist du ja noch!«

»Na ja, ich lass mich so treiben«, tauche ich aus meinen Erinnerungen auf und füge mit einem kleinen entschuldigenden Lachen hinzu: »Ohne meine TV-Kamera ist diese Story für meine Redaktion sowieso gestorben. Ich fahr jetzt nur noch mit fürs Vergnügen.«

»Wir werden dir sicherlich für deine Redaktion ein paar Print Photos mitgeben können«, meint schließlich Bob freundlich.

Wir passieren die ausgeschlachtete Kulisse der in den kürzlich noch hin und zurück brandenden Kampfhandlungen völlig zerstörten, ehemals christlichen Stadt Damour. In verzerrtem Kontrast dazu verzückt auf der Seeseite das unschuldig glitzernde Blau des Mittelmeers, das sich im aufkommenden Dunst mit den Konturen des Himmels verwischt.

Kurz hinter der Ortsgrenze, die in der neuerdings einsetzenden Zersiedelung des Küstengebiets kaum mehr auszumachen ist, wird unsere Aufmerksamkeit durch schwere Straßenschäden in Anspruch genommen. Denn die heute Morgen erst von israelischen Bombardierungen ausgelösten Erdbewegungen haben eine Kraterlandschaft hinterlassen, die auch unser Jeep nicht meistern würde. Bis auf George Zwei steigen wir aus, um die Schäden zu begutachten beziehungsweise zu fotografieren, während wir gleichzeitig unsere im Jeep durchgeschüttelten Knochen wieder zurechtstrecken.

Wir überlegen gerade, ob wir nicht eher zu Fuß über die Geröllgräben steigen sollten, da wirft sich George Eins mit steinerner Miene wieder auf seinen Fahrersitz, ein Zeichen für uns, es ihm schleunigst nachzutun. Wie auf einem Rüttelband geht es dann rechts hinunter über die Ausläufer einer Abwässerdrainage in Richtung Strand, der in Wahrheit eher eine Müllhalde ist, und dann wie auf einem Berg-und-Tal-Karussell gleich wieder links hoch zur Uferstraße hinauf, die wir wenige fünfzig Meter zurück eben erst verlassen haben. Kein noch so tiefer Krater, kein noch so aufgetürmter Steinhaufen kann dem Allradantrieb unseres hochrädrigen Fahrzeugs trotzen. Der Kraftakt des Jeeps ist in der Tat beeindruckend.

Auf der Gegenseite staut sich derweil dicht an dicht eine endlos lange Reihe von Last- und Personenwagen, die offenbar noch in Richtung Beirut auf dem Weg waren, als die Straße bombardiert wurde. An den Rückfenstern der zumeist schon vorher ziemlich lädierten Pkws drücken sich genervte Kinder die Nasen platt. Ihre Mütter, in der Mehrzahl nach strenger schiitischer Kleiderordnung unter weiten, bodenlangen Mänteln und großen Kopftüchern verborgen, gestikulieren miteinander und durcheinander, während sich ihre Männer teilweise mit dem Wiederherrichten der Fahrbahn abmühen.

Dem Erfindungsreichtum der Libanesen bei der Anwendung von Ersatzlösungen war während des langen Bürgerkriegs keine Grenze gesetzt. Oft übertrafen sie sich selbst dabei und machten aus der Not eine erstaunliche Tugend. Voller Bewunderung stand man immer mal wieder vor wahren Wunderwerken, deren ursprüngliche Funktion als Notlösung oft gar nicht mehr erkennbar war, weil sie das zu Ersetzende in vielen Fällen genial verbessert hatte. Bei dem derzeitigen Zustand der Uferstraße würde es mich nicht wundern, bei unserer Rückkehr diese Stelle wieder so perfekt instandgesetzt vorzufinden, dass sie gar nicht mehr auszumachen sein würde.

Knapp einen Kilometer vom Strand entfernt liegen, in ihrer grauen Unbeweglichkeit scheinbar umso bedrohlicher , zwei israelische Korvetten in jetzt schon halbhohen Nebelschwaden. Offensichtlich beobachtet man von dort die Reparaturversuche an den Bombenschäden der Uferstraße, die höchstwahrscheinlich von den eigenen Geschützen verursacht wurden. Was wäre, wenn die Urheber dieser zweifellos strategisch intendierten Straßenbehinderungen sich plötzlich doch noch entschließen würden, alle Reparaturanstrengungen fürs Erste zu vereiteln? Ein unheimlicher Gedanke. Und über allem dreht eine Drone, ein unbemanntes israelisches Beobachtungsflugzeug mit insektenartig hohem Summen, ihre Runden.

Nach kaum halbstündiger Fahrt durch die milde mediterrane Landschaft taucht malerisch vor einem tief ins Meer abfallenden Höhenzug, der schon zu Israel gehört, die Silhouette der antiken Stadt Tyrus am Horizont auf. Wieder bemerken wir kurz vor der Stadtgrenze zwei weitere israelische Kriegsschiffe, die sich in erstaunlicher Ufernähe befinden. Eigentlich kann es ihren Besatzungen nicht verborgen geblieben sein, dass hier der Strand angefüllt ist mit halbhohen Sandhaufen über riesigen Caterpillarreifen, in deren Schutz mindestens eine Hundertschaft syrischer Soldaten auf dem Bauch liegt und ihre Maschinengewehre auf sie gerichtet im Anschlag hält.

Nach meiner Einschätzung sieht die Sache ziemlich gefährlich aus, denn immerhin könnte ein einziger Schuss aus syrischer Richtung hier mit einiger Wahrscheinlichkeit nach einen Regionalkrieg auslösen. Aber George Eins fährt ohne jede Regung im gleichen Tempo weiter, als seien wir auf dem Weg nach Disneyland.

Etwa dreihundert Meter vor einer großen Straßenkreuzung, der Einfahrt nach Tyrus, stehen ein paar Männer auf der gegenüberliegenden Straßenseite und winken uns zu, wir sollten stehen bleiben. George Eins hält bei ihnen an, und Bob steigt aus, um sich nach dem Grund ihrer Warnung zu erkundigen. Offenbar hat die im hier beginnenden libanesischen Grenzgebiet zu Israel stationierte UN-Friedenstruppe von Israel eine Ankündigung dahingehend erhalten, dass eine großräumige Bombardierung der Stadt unmittelbar bevorstehe, und zwar genau um fünf Uhr Ortszeit, also in wenigen Minuten, wie ein Blick auf unsere Uhr beweist.

Darum also ist außer unserer kleinen Gruppe keine Menschenseele auf der Straße zu sehen. Dabei liegt alles scheinbar so unveränderlich friedlich in der warmen Nachmittagssonne. Nur die Katzen nutzen die verkehrsfreie Zeit zu verwegenen Balzjagden, während wir wie das Fähnlein der sieben Aufrechten einsam in dieser ungewohnten Stille herumstehen und auf das angekündigte Inferno warten.

Die menschenleere Umgebung lässt überhaupt die gesamte Szene gewissermaßen surreal erscheinen. Auch das Trüppchen Männer, die uns nun eindringlich nahelegt, den gefährlichen Ort des Geschehens unverzüglich zu verlassen. Selbst der sonst so wagemutige Bob ist nun fast schon überzeugt, dass es vernünftiger ist, der UN-Warnung Folge zu leisten und in etwas sichere Gefilde zurückzukehren.

Vorher möchte er allerdings noch die Geschehnisse im Schutz gegenüberliegender Häuser abwarten, um sich davon zu überzeugen, inwieweit der UN-Warnung auch Tatsachen folgen würden. Ein Baum mit ausladender Krone wird zum Schutz unseres Fahrzeugs ausgewählt, obwohl so ein großer weißer Jeep für die Kriegsschiffe vom Meer aus vermutlich eine weitaus verlockendere Zielscheibe abgeben würde als für die angekündigten Flugzeuge.

Den Soldaten hier vor Ort erscheint die Drone über uns mit ihren aufklärungsspezifischen Lenk- und Erkennungsmöglichkeiten aber offenbar viel bedrohlicher als die fast in Reichweite liegenden Schiffe der israelischen Kriegsmarine, die uns mit Sicherheit längst in ihrem Fadenkreuzvisier haben.

Über ein paar Hinterhoftreppen gelangen wir kurz darauf in einen Raum im ersten Stock eines noch im Rohbau befindlichen Gebäudes, wie es sie im Libanon zuhauf gibt. Denn kaum hat der Libanese ein paar Pfennige übrig, setzt er diese um in Zementsäcke, heißt es. Dann lässt er sich vom Strand ein paar Fuhren Sand herankarren und beginnt mit dem Bauen. Steine gibt es erst einmal umsonst von irgendwelchen Ruinen früheren oder späteren Datums, vielleicht sogar noch ein paar Stahlstäbe von hier und da. Und schon entstehen ohne große Sorge um bautechnische Auflagen die Grundmauern von Gebäuden, die mit nachbarschaftlicher Hilfe nicht lange brauchen, um so wie dieses hier schon im Rohbau etlichen Familien zunächst notdürftig Schutz zu bieten. Von dieser Erstehungsphase an wartet man getrost auf weitere Zuwendungen wie beispielsweise die bescheidenen Mietzahlungen dieser Erstmieter, die mal in kleineren, mal in größeren Schritten das Gebäude dem Ziel seiner Vollendung näherbringen. Erst bei dessen endgültiger Fertigstellung wird auch das Problem der staatlichen Bauauflagen mit einem Bakschisch in die richtigen Taschen schnell geklärt. Gefährlich wird es in der Regel erst, wenn auf diese Weise mehrstöckige Mietshäuser entstehen. Häufig genug stürzen solche unprofessionell errichteten Gebäude ohne Vorwarnung über ihren Bewohnern zusammen. Zwar landen dann einige der ausgemachten Schuldigen in einer Alibiaktion hinter Gittern. Sie kommen aber oft genug nach ein paar finanziellen Gefälligkeiten an die richtigen Adressen und spätestens auf Betreiben der abgeschirmten Hauptschuldigen schnell wieder frei.

Bei unserem Erscheinen im ersten Stock des Gebäudes treffen wir auf einen jungen Mann, der sofort ganz beflissen ein paar ehemals weiße Plastikstühle herbeiträgt, und schon beginnt der Ritus libanesischer Gastfreundschaft, die, je kleiner die Hütte, umso ehrenwerter und zeremoniöser, zu Ehren auch des geringsten Gastes zelebriert wird. Ein immer wieder sehr anrührendes Ritual für Menschen, die, wie ich selbst, in auch zwischenmenschlich kühleren Breitengraden zuhause sind.

Wir sind eine bunt gewürfelte Gruppe von einigen zwanzig Menschen, einschließlich des Hausherrn, eines dünnen alten Mannes in dunkel gestreiftem Gehrock, unter dem lange weiße Beinkleider hervorkommen. Über Kopf und Schulter fällt das schwarzweiß gescheckte Tuch der männlichen Landbevölkerung, festgehalten von dem üblichen doppelreihigen schwarzen Kopfring, dem Agal. Neben ihm, mit einem Kleinkind auf dem Schoß, hat sich auf niederem Hocker unter eindrucksvollem Schnaufen eine bemerkenswert ausladende Frau niedergelassen, offenbar die Dame des Hauses, die witzigerweise in der ersten Viertelstunde unserer Anwesenheit nicht einen einzigen, noch so flüchtigen Blick unter ihrem tief ins Gesicht gezogenen blassfarbenen Kopftuch her an mich verwendet. Ich schreibe das ihrer Überzeugung zu, dass Frauen, die wie ich ihre Ungläubigkeit durch Verweigerung des für Mosleminnen obligatorischen, eng geknüpften Kopftuchs demonstrieren, ihrer Gastfreundschaft kaum teilhaftig werden können.

Das ändert sich erst, als kurz darauf zwei weitere Ausländer zu uns stoßen, eine ältere Frau mit einer feschen, feuerrot gefärbten Kurzhaarfrisur und ein baumlanger, etwas vertrottelt wirkender Mann mittleren Alters. Auch er ein Anhänger der Frusthaarkunst, nur dass seine langen Decksträhnen inzwischen zottelig über den Kragen seines verschwitzten T-Shirts hängen als ein allerseits nachsichtig belächeltes Absurdum. Männern gegenüber ist diese patriarchalische Gesellschaft des Libanon in der Tat erstaunlich tolerant. Und in meiner Ecke, inzwischen auf einen niedrigen Sisalhocker übergewechselt, habe ich Zeit genug, mich wieder einmal granatig zu ärgern bei dem Vergleich, wie intolerant man ein solches Äußeres unter gleichen Umständen wohl bei einer Frau beurteilen würde.

Die rothaarige Frau, eine im Libanon ansässige Deutsche, setzt sich wenig später neben mich und behauptet, mich zu kennen. Auch sie sei journalistisch tätig und arbeite für eine deutsche Illustrierte. Zwischendurch sei sie wie jetzt als »Mädchen für alles« im Solde ausländischer Kollegen unterwegs, die ortskundige Führung brauchten. Denn da diese sich meist nur kurzfristig im Lande aufhielten, wollten sie sich nicht aus Unkenntnis der Gepflogenheiten diverser Milizen und der wechselnden Gefahren in potenziellen Kampfgebieten hier in Lebensgefahr bringen. Keine schlechte Marktlücke, das muss ich anerkennend zugeben und vermerke froh, dass meine Kollegen langsam dazulernen.

Ihr derzeitiger Kunde gehöre allerdings nicht der Zunft professioneller Berichterstatter an, so betont sie, die sich als Ruth B. vorgestellt hat, sondern sei ein vermögender Norweger, ein Schiffsmagnat, seiner Auskunft nach, der in Beirut zu tun hatte und vor seiner Abreise jetzt unbedingt noch das Kampfgebiet besuchen wolle. Ein Aussteiger sozusagen, zivilisationsmüde vielleicht oder auch nur auf der Flucht vor seiner Frau – sie wisse es nicht genau. Eine Begründung hat sie jedenfalls nicht verlangt, sondern sich mit der Annahme zufriedengegeben, dass er eben so ein reicher Exzentriker ist, vielleicht auch einfach nur lebensmüde, wie sie nachschiebt.

Letztere Annahme passt in ihrer Verrücktheit gar nicht mal schlecht zur aktuellen Situation. Ebensowenig wie ihr unvermittelter Hinweis auf die großartigen

Tomaten, die sie im Garten hinter dem Haus entdeckt haben will und von denen sie etliche Kilogramm mitnehmen möchte, wenn unsere Weiterfahrt wieder möglich sei. Tomaten im Hinterhof, Bomben aufs Dach, Kriegsschiffe vor der Haustür – im Libanon liegen Wohl und Wehe seit eh und je dicht beieinander.

Dummerweise versteht meine Berufskollegin nicht viel mehr Arabisch als ich selbst, und so können wir nur bruchstückweise verstehen, was die Einheimischen so angestrengt miteinander diskutieren, dass auch ihre Gestik stark in Anspruch genommen ist. Bob ist ausnahmsweise einmal rücksichtsvoll genug, mich von Zeit zu Zeit unaufgefordert darüber aufzuklären, nachdem er meine Nachbarin nicht gerade überschwänglich begrüßt hat, obwohl oder auch, weil sie ihm offenbar nicht unbekannt ist.

»Im Grenzgebiet hinter Tyrus soll es schwere Kampfhandlungen geben«, erzählt er, »und offenbar sind auch die Vorposten der UNO-Friedenstruppen beschossen worden. Alle Zufahrtsstraßen in diese Gebiete sind derzeit unsicher, also gefährlich. Einer dieser Männer hier könnte uns jedoch mithilfe seines Schwagers auf Schleichwegen in ein Hisbollah-Camp bringen, von wo aus wir mit deren Kommandostelle in Kontakt treten könnten, wie er behauptet. Aber dafür müssten wir in weniger auffällige Autos umsteigen.« Bob blickt mit dem Ausdruck starken Zweifels an mir hinauf und hinunter. »Dafür bist du aber kaum richtig ausgerüstet, Jacky. Außerdem könnte es sein«, so Bob weiter, »dass wir auf freiem Feld übernachten müssen, wenn wir nicht durchkommen. Du, Jacky, könntest leicht jemanden finden, der dich wieder zurück nach Beirut bringt, falls du jetzt doch kalte Füße kriegst. Ich würde vorschlagen, dass du und die Dame hier«, dabei nickt er in Ruths Richtung, »mit George Eins wieder nach Beirut zurückfahrt. Erstens brauche ich den Jeep nicht mehr, und zweitens können George Zwei und ich unsere Fahrt zu den Hisbollah-Leuten dann in nur einem einzigen Fahrzeug fortsetzen. Das macht die Sache für uns sehr viel unproblematischer.«

Ich pumpe mich gerade auf, um ihm in einiger Übertreibung zurückzugeben, dass kalte Füße auf freiem Feld schon zu meinem täglichen Leben gehörten, als seine Existenz noch nicht einmal geplant war, und dass ich nicht den ganzen langen Weg mitgekommen bin, um jetzt auf meine Kosten seine Probleme zu schultern, als Ruth schon ihr und ihres Auftraggebers vorsichtiges Interesse anmeldet an dieser Nachtfahrt. Also fahre ich meine Geschütze wieder ein, denn damit steht meine eigene Teilnahme an diesem Schleichfahrtunternehmen selbstverständlich nicht mehr in Frage.

Eine gute Stunde später, nach einem köstlichen Imbiss aus den von Ruth so hochgelobten Tomaten, frischen Gurken, Ziegenkäse und Fladenbrot, steigen wir in zwei ziemlich abenteuerliche Kleinwagen um. Deren Fahrer haben sich für ein ausgemachtes Entgelt unserer nunmehr sechsköpfigen Gruppe zur Schleichfahrt für die nächtliche Geländefahrt zur Verfügung gestellt. Soeben versinkt eine fadenscheinige Sonnenscheibe in eine grotesk verformte Mondscheibe über den sanften Hügelketten im Osten. Hinter uns hat der Nebel über dem Meer schon längst die Kriegsschiffe verschluckt. Wir nehmen an, dass wir in der jetzt schnell einfallenden Dämmerung beim Verlassen der Stadt auf den Feldwegen, die in das Kampfgebiet führen, kaum mehr auszumachen sein werden. Weder aus der Luft von israelischen Kampfhubschraubern aus, noch am Boden von Aufklärungseinheiten der mit Israel kollaborierenden Südlibanesischen Armee (SLA).[3]

Obwohl die Straßen von Tyrus menschenleer sind, werden wir durch zahlreiche Straßensperren so lange aufgehalten, bis die Dunkelheit voll hereingebrochen ist. Unser Problem ist jetzt der volle Mond. Von keiner Wolke gnädig verschleiert, beleuchtet er unsere Fahrtroute aus makellosem Rund so hell und vermeintlich freundlich, dass uns jede Ackerfurche, jeder Stein, jedes Grasbüschel entgegenleuchtet, als wenn sie vom Scheinwerferlicht unserer Autos erfasst würden, die wir doch aus Vorsicht gar nicht erst eingeschaltet haben.

Hier nämlich beginnt das Operationsgebiet diverser libanesischer und palästinensischer Guerillaorganisationen im Grenzland um die von Israel beanspruchte

---

3 Die Südlibanesische Armee war eine libanesische Miliz während des libanesischen Bürgerkriegs. Sie kollaborierte mit Israel bei dessen Besetzung des Südlibanon. (Wikipedia)

Sicherheitszone, die circa fünfzehn Prozent des libanesischen Staatsgebiets vereinnahmt. Israel begründet die Landnahme, in souveräner, weil unbeanstandeter Missachtung etlicher gegenteiliger UNO-Resolutionen, mit der Notwendigkeit einer Pufferzone zur Abwehr von Guerillaaktionen gegen seine Armeeposten und Dörfer im nördlichen israelischen Grenzgebiet. Die SLA unter israelischem Schutz und hintergründig auch unter israelischem Kommando rekrutiert sich vor allem aus der örtlichen christlichen Bevölkerungsminorität, weil diese sich schon seit Langem von der syrischen Schutzmacht zugunsten der drusischen Bevölkerung der Gegend benachteiligt glaubt. Israel hat diese Unzufriedenheit der libanesischen Christen für sich kapitalisiert und mit der Aufstellung der SLA seiner international umstrittenen Landnahme qua Recht des Stärkeren eine zwielichtige libanesische Legitimität übergestülpt.

Im Gegenzug dazu gibt sie aber auch der fundamentalistischen, schiitisch-islamischen Bewegung der Hisbollah die nötige patriotische Selbstbestätigung und in der Folge eine auf Volkes Stimme gestützte Anerkennung als dritte Macht im libanesischen Staat. Mit einem Fuß im libanesischen Parlament verankert und somit staatlichen Vorgaben immerhin verpflichtet, operiert diese Guerilla –ansonsten unangefochten von demokratischen Regularien – als willfährige politische Zugkraft im Dienste und unter dem Schutz Syriens, vor allem aber unter der wohl kaum uneigennützigen, religiös plakatierten

Patronage des Iran gegen die israelischen Besatzer auf islamisch-arabischem Boden. Das heißt, dass sich der Kampf der Hisbollah also explizit auch gegen die christliche, in Kollaboration mit Israel lebende libanesische Grenzbevölkerung richtet.

Das Gebiet, durch das wir jetzt fahren, ist hügelig und zunächst ohne erwähnenswerten Baumbestand zwischen erosionszerfressenem Geröll. Dafür hat sich dort ein höherer Hecken- und Buschbestand ausgebreitet, hier und da undurchdringlich von Kakteen durchwachsen – auch sie würden also im größten anzunehmenden Ernstfall kaum verlässlichen, dürftigen Schutz bieten. Es ist zwar nicht gerade Angst, die mich veranlasst, dauernd die Schattenwelt draußen abzusuchen und mich über deren unangebrachtes Leuchten zu sorgen, aber schon so etwas wie Vorahnung, ein ganz besonders gut in mir ausgeprägter sechster Sinn.

Eben bewundere ich ein antikes Ruinenfeld links vor uns, als unser Fahrer plötzlich in scharfem Winkel dort hineinsteuert. Hinter mir höre ich das Rattern des zweiten Wagens, der über die harten Ackerfurchen fährt. Nach wenigen Metern wären wir fast gegen eine Wand gestoßen, die von einer Art Ginster überwachsen ist, der nun über unsere Fahrzeuge hinabfällt. Mit leisen Zischlauten warnt uns unser Fahrer, wir sollen uns vom Fenster weg ins Innere des Fahrzeugs ducken. Dann erfasst uns auch schon das weiß gleißende Licht eines Scheinwerfers, und erst jetzt hören wir auch das Knattern eines Hubschraubers, der direkt über uns steht. Ein heikles Gefühl unmittelbarer Gefahr lässt mich vor Anspannung regelrecht zittern.

Bob flucht leise vor sich hin, dann ist alles still. Der Scheinwerfer beleuchtet uns endlos lange von allen Seiten, dann dreht er plötzlich ab und bleibt einen kurzen Moment lang verschwunden. Jetzt landen sie und packen uns ... Wie ein in die Enge getriebenes Tier fühle ich Panik in mir aufsteigen und steuere mühevoll dagegen an, indem ich das Unabänderliche vernünftig aufzuschlüsseln versuche in Festnahme, Gefangenschaft und letztlich unvermeidliche Freilassung – so schlimm kann das alles für uns Journalisten eigentlich nicht werden. Aber nach einer erneuten lärmenden Beleuchtungsaktion aus der Luft, bei der ich wieder das Gefühl habe, der Besatzung nackt und bloß ausgeliefert zu sein, entfernt sich nach minutenlanger Ewigkeit das knatternde Rotationsgeräusch des Hubschraubers langsam. Mein Herzschlag jedenfalls übertönt mühelos den abebbenden Fluglärm.

Bob rührt sich mit einem Atemzug wie ein Flusspferd und prustet vernehmlich: »Das war eng, diesmal!« Unser Fahrer deklamiert den Anfang der koranischen Fatiha, der Eröffnungssure, als eine Art Stoßgebet an seinen Propheten Mohammed. Bobs junger Redaktionsassistent neben mir, George Zwei, der bislang noch kein einziges erinnerungswertes Wort hervorgebracht hat, antwortet zu meinem Erstaunen mit einem wiederholten »Allahu Akbar!«, wie um sich bei dieser Gelegenheit bei unseren Führern als Hisbollah-Gesinnungsgenosse anzubiedern. »Du müsstest doch eher mal den Rosenkranz beten«, flachse ich ihn an, ernte aber nur einen wohl vor Angst versteinerten Blick.

»Wieso sind die denn wieder weitergeflogen?« Ich kann unser Glück noch gar nicht fassen. »Sie hatten uns doch praktisch schon in der Falle. Und sie müssen uns gesehen haben, schließlich standen sie genau über uns.«

Bob drückt statt einer Antwort die Tür neben sich auf und reckt und streckt sich ausgiebig vor dem Wagen. Gleich darauf scharen auch wir anderen uns draußen um die beiden Autos und erkennen dabei voller Dankbarkeit, dass es wohl der dichte Ginstervorhang ist, der uns, undurchdringlich selbst für die Stärke militärischer Scheinwerfer, der Scharfsichtigkeit der Hubschrauberbesatzungen entzogen haben muss.

Mit meinem etwas unvollkommenen Arabisch radebreche ich eine Art Anerkennung für die Fluchtstrategie unserer Wagenführer, doch der Fahrer des zweiten Wagens lässt sich davon nicht beeindrucken. Er lehnt jedes Lob ab und verweist auf Gott, der allein uns gerettet habe, weil die Sache der Hisbollah eine gerechte sei. Unter den augenblicklichen Umständen erscheint mir eine weltanschauliche Grundsatzdebatte einigermaßen deplatziert. Und so drehe ich mich um und tue ein paar Schritte aus dem Wandschatten hinaus, um mir ein bisschen die Füße zu vertreten.

Etwas zischt an mir vorbei, schlägt gegen die Wand und explodiert. Einer der Fahrer reißt mich blitzschnell zurück und drückt mich auf den Boden hinunter. Erst in diesem Moment höre ich den Schuss. Der Assistent neben mir versucht angstvoll, sich rückwärts unter den Wagen neben uns zu manövrieren, aber die Fahrer scheuchen uns hinterrücks in einen überwachsenen, kanalartig engen Graben hinein, der sich zwischen den antiken Mauern verliert. Geduckt folgen wir seinen Windungen, nicht achtend der oft dornenbewehrten Umschlingung von Gräsern und Unterholz. In einer leicht abschüssigen Drehung führt uns der Kanal schließlich aus dem Ruinenfeld hinaus in die flache Landschaft, tief genug, um uns einigermaßen zu verdecken, solange wir unsere geduckte Haltung beibehalten. Hinter mir kriecht der Norweger. Allem Anschein nach macht ihm die Länge seiner Beine dabei zu schaffen, denn er keucht so laut, dass es weithin zu hören sein muss. Seinen verqueren Humor jedenfalls hat er dabei noch nicht verloren, denn ich höre, wie er Ruth wegen ihrer flammend roten Haare aufzieht, die »wie eine Fackel die Verfolger auf unserer Spur halten könnten«.

Ich flüstere ihm gerade zu, er solle lieber selbst endlich etwas leiser sein, da hören wir schon Männerstimmen hinter uns im Ruinenfeld. Es würde mich auch gewundert haben, wenn niemand sich weiter um uns gekümmert hätte. Wieder macht mir dieses vermaledeite Herzklopfen zu schaffen – ein Versuch meines Körpers zur Selbstaufgabe, so kommt es mir vor, denn es schnürt mir fast die Kehle zu und hindert mich eher am Fortkommen, als dass es mich zur jetzt unverzichtbaren Höchstleistung anspornen könnte.

Offensichtlich haben unsere Verfolger keinen Zweifel daran, uns früher oder später aufzuspüren, denn bei ihren Zurufen sorgen sie sich ihrerseits nicht im Geringsten um verminderte Lautstärke. Hier und da schimmert das schwankende Licht ihrer Handscheinwerfer zwischen dem Gemäuer auf und wirft immer mal wieder beängstigend weiß gleißende Strahlen und deren Schlagschatten über das uns umgebende freie Feld.

Die Männer nehmen sich jedenfalls gottlob sehr viel Zeit dafür, die Ruinen sorgfältig nach uns abzusuchen. Währenddessen gelingt es uns, in diesem Kanal, der anscheinend Teil des römischen Ruinenfelds war, so weit voranzukommen, dass wir hinter einer Landsenke die Straße überqueren können, auf der wir eben erst hergefahren sind, um außerhalb der Reichweite ihrer Scheinwerfer unseren Verfolgern erst einmal zu entkommen. Überall habe ich blutige Schrammen, aus denen teilweise das Blut hinuntertropft. Den anderen wird es nicht besser gehen.

Mir fällt ein, dass unsere Wegführer Georg Eins und Zwei jetzt wohl ihren stehen gelassenen Autos nachtrauern dürften, selbst wenn deren Materialwert wohl niemanden sonderlich in Begeisterung versetzen würde. Auf jeden Fall scheint augenblicklich niemand auch nur ein Wort über ihren Verlust verlieren zu wollen, und der Zeitpunkt wäre auch schlecht gewählt. Vielleicht sind sie sowieso nicht die wirklichen Besitzer, und die werden dann später noch mit Schadensersatzforderungen auf uns zukommen.

Immer noch in geduckter Haltung marschieren wir stolpernd etwa eineinhalb Stunden lang durch die mondbeschienene Gerölllandschaft, deren Stimmung mich bei jeder anderen Gelegenheit regelrecht in Entzücken versetzen würde. Jetzt aber, getrieben von der Furcht, doch noch entdeckt zu werden, scheint sogar Bob etwas von seiner stoischen Selbstsicherheit verloren zu haben. George Zwei, der kleine Redaktionsassistent, weicht seinerseits keine Handbreit aus Bobs Körperschatten, und ich bemerke, dass er unablässig mit den Zähnen klappert. Jeder nimmt es zur Kenntnis, ohne auch nur den Versuch zu machen, ihn zu beschwichtigen oder gar zu trösten. Vielleicht gilt hier ein Mensch nicht viel, der seine Angst zeigt, oder aber der arabische Fatalismus hat wenig Worte für einen Zustand übrig, dem man nicht abhelfen kann. Und was könnte man zur Beschönigung unserer augenblicklichen Situation schon anführen, das geeignet wäre, jemandem wie George Zwei Mut zu machen?

Außer den kehligen Anordnungen unserer Wegführer ist in der Tat kein Wort gefallen zwischen den Schicksalsgenossen, außer den ironischen Bemerkungen des Norwegers an die Adresse seiner Reisepartnerin, die uns anderen eher albern vorkommen müssen in unserer augenblicklichen Situation und entsprechend irritabel.

Außer mir selbst hat übrigens niemand irgendeine Tasche mitnehmen können, alles Reisegepäck ist in den Autos geblieben und wird wohl gerade unseren Verfolgern brauchbaren Aufschluss geben über Personalien und vielleicht auch über die Ausflugsmotivation der flüchtigen Insassen. Das wird mir erst jetzt richtig bewusst, und ich beginne, mir deswegen ernsthaft Sorgen zu machen. Aber noch scheint auch dieser Aspekt niemanden außer mir sonderlich aufzuregen. Jeder ist im Augenblick weitaus mehr bestrebt, so schnell und so weit wie möglich aus der Gefahrenzone zu entkommen.

Sicherheit, das ist nun mal hier draußen ein eher hypothetischer Begriff ohne praktische Bedeutung und verursacht deshalb auch in keinem von uns ein gesteigertes Absicherungsbedürfnis. Wir stapfen hintereinander her durch die nächtliche Landschaft, deren Konturen wie mit Silberstrichen gezeichnet sind, nicht gerade hastig, aber doch ohne uns auch nur die kürzeste Verschnaufpause zu gönnen. Denn die düsteren Mienen unserer Wegführer signalisieren, wenn überhaupt, wenig Optimismus. Der bleibt allein dem Norweger überlassen, der die Situation in ihrem tödlichen Ernst offensichtlich unterschätzt, denn zumindest vordergründig versprüht er Schalk und Charme, oder wenigstens das, was er dafür hält. Vielleicht in der guten Absicht, für uns anderen die Situation etwas zu entschärfen, leider aber auch ziemlich unsensibel dafür, dass er im Begriff ist, gründlich danebenzutreffen. Es scheint zu seinen allergeringsten Sorgen zu gehören, dass sein lockeres Gehabe vor allem den arabischen Mitgliedern unserer Fluchtgemeinschaft sichtlich auf die Nerven geht.

Eine etwas sonderbare Taktlosigkeit für einen Norweger, kommt mir der Gedanke, denn gerade seine
Landsleute zeichnen sich in der Regel eher durch zu
viel Takt aus. Und je länger ich darüber nachdenke,
umso kurioser erscheint es mir, dass er die Sorgen der
anderen so glattweg ignoriert. Vielleicht weil er sie
aus irgendeinem Grund nicht teilt? Seine mangeln-
den Sprachkenntnisse allein dürften ihn eigentlich
nicht daran hindern, die Angst und die Unsicherheit
seiner Schicksalsgefährten wenn schon nicht zu teilen, so doch mindestens zu respektieren. Aber solche
Gedanken weiterzuspinnen wäre für meinen Selbsterhaltungstrieb jetzt eher hinderlich, vielleicht denke
ich später noch mal darüber nach ...

Hinter einem staubigen vegetationslosen Hügelzug
werden jetzt linker Hand die Lichter einer kleinen
Ansiedlung sichtbar, die offenbar an einem Bach gelegen ist. Denn umgeben von den ernsten Silhouet-
ten schlanker, hoch aufragender Lebensbäume wird
bei unserem Näherkommen jetzt auch der Anbau von
Obstbäumen und Gartenbüschen sichtbar, der sich in
einer Senke romantisch entlangzieht. Das lang gezogene Bellen eines Hundes kündigt uns schon an. Hoff-
nungsvoll blicken wir unsere beiden Marschführer an,
ob wir in dieser Richtung weiterlaufen können. Aber
sie weisen stattdessen mit zusammengezogenen Mienen vage in die Gegenrichtung, die sich lehmig kahl
in milchig blauem niederem Dunst verliert.
Also weiter wie bisher, und plötzlich fühle ich jetzt

doch eine bleierne Müdigkeit in mir aufkommen, die mir zunehmend die Schritte beschwert. Doch niemand protestiert – wir haben uns auf Wohl und Wehe diesen Wegführern anheimgegeben, und jetzt sind sie es, die einzig und allein unser Schicksal bestimmen. Und in dem Bewusstsein, keinerlei Alternative zu haben, steigt nun doch trotz aller Müdigkeit ein seltsam ungewohntes und unbehagliches Gefühl des Ausgeliefertseins in mir hoch, eine Anspannung, die ich nicht steuern und also auch nicht beenden kann – eine Art von Angstkolik schnürt mir den Magen ein, und das jetzt schon zum zweiten Mal innerhalb kurzer Zeit.

Denn immerhin ist es mir tatsächlich schon ein paarmal gelungen und zwar immer dann, wenn es mir schwerzufallen drohte, hier klaglos weiterzulaufen, eine gedankliche Brücke nach Köln am Rhein zu schlagen, wo die Polizei mich vielleicht schon zur Fahndung ausgeschrieben hat, vielleicht in eben diesem Augenblick meine Nachbarin nach mir befragt, meine Wohnung beobachtet und Wanzen aller Abhörkategorien an den Außenmauern meines Wohnhauses anbringt. »Flucht wohin also?«, denke ich ahnungsvoll, als ich hier flüchtend durch die Einöde stolpere. Austauschbare Fluchten, eine ist so gut oder so schlecht wie die andere. Drüben droht mir der davidische Kampf gegen eine gnadenlose Justizmaschinerie, in die man besser nicht hineingerät, wenn man nicht in ihr umkommen will, schuldig oder unschuldig. Und hüben?

Hüben ist die Alternative nun die Flucht ins Ungewisse, in ein Abenteuer, vielleicht nur oder auch in den

Tod. Die Kugel, die mich vorhin nur um Haaresbreite verfehlt hat, war alles andere als witzig. Und bei jedem Schritt ärgere ich mich noch ein bisschen mehr darüber, dass in meinem Leben die Flucht vor dem Regen immer in die Traufe führt. Vernünftige Leute arbeiten in einer Bank, zählen das Geld anderer Leute und haben viel Freizeit für problemlose Hobbys ... Bevor ich diesen Gedanken weiterspinne, muss ich bei all meiner Anspannung tatsächlich doch schmunzeln, und zwar in Erinnerung an die immer wieder ausgedrückte Bewunderung meiner Sparkassenbetreuer für meinen aufregenden Beruf. All meine Reisen, all diese Abenteuer! Ob sie ihnen nicht spätestens an diesem Punkt schon vergangen wäre, ihre verklärte Sicht, jetzt hier auf diesem Feld?

Plötzlich hören wir wieder Hubschraubergeräusch, wieder pocht mein Herz einige Schrecksekunden lang »Jetzt kommen sie, um uns hier zu suchen, und es gibt rein gar nichts außer dem Schatten von Felsgeröll, das uns vor ihren Scheinwerfern verbergen könnte!« Aber dann entfernt sich das Rotationsgeratter wieder, und mit verstärktem Tempo eilen wir weiter vorwärts, nicht ohne dankbare Bewunderung für die Männer, die uns ihre Zubringerdienste immerhin angeboten haben, als noch niemand ahnen konnte, dass diese in solchen endlosen und aufregenden Fußmärschen enden würden. Und die sich ungeachtet der jetzt auch für sie selbst damit verbundenen Gefahren treu an unserer Seite halten. Meine Frage, ob sie denn für ihre Dienste

Geld verlangt hätten, hatte Bob schon früher verneint. Aber das muss in diesem Land keineswegs bedeuten, dass sie jede Bezahlung kategorisch ablehnen würden. Nur würde eine solche sich, mal angenommen, in Grenzen halten. Überraschungen wie immer hier nicht ausgeschlossen, eher im Gegenteil. Aber wie immer in diesem gegensätzlichen Land werden wir uns auch in dieser Sache überraschen lassen müssen.

Zu allem Überfluss wird das Gelände jetzt stark hügelig. Es geht vor allem schmale, in starke Steigungen eingeschnittene Trampelpfade entlang, deren Geröllstaub den Boden für unsere Tritte instabil macht. Hier und da finden sich hinter Wegbiegungen auch bestellte enge Feldflächen. Mir fällt dabei wieder ein, dass das von Israel beanspruchte libanesische Grenzgebiet in erheblichem Umfang bestes libanesisches Agrarland einnimmt, das wir gerade teilweise durchwandern. So etwas wie Ausgleich oder Entschädigung für die verdrängten, zumeist schiitischen Bauern kam dabei gar nicht erst vor. Die wenigen, die hier geblieben sind, leben und arbeiten unter bedauernswürdigen Bedingungen, immer in der Furcht vor den libanesisch-christlichen Milizen oder ihren israelischen Auftraggebern, nicht zuletzt aber auch vor den Folgen von Guerillaoperationen ihrer eigenen Leute.

Nach einer guten Marschstunde fällt mir auf, dass immer mal wieder hellfarbene Frösche vor uns aus den Ackerfurchen springen, es müsste also in der Nähe doch wohl irgendwo wieder Wasser geben. Etwas später gelangen wir dann tatsächlich auch an eine weitere

Bachsenke, wieder mit etwas Busch- und niederem Baumbestand. Der verdeckt nur teilweise ein lang gestrecktes Gebäude, das aussieht wie eine verlassene Hühnerfarm. Als wir davorstehen, zeigt sich, dass die Hühnerfarm sehr wohl noch in Betrieb ist. Überall fliegen Federn durch die Luft, wenn sie nicht in den Ästen und Blättern der Büsche hängen bleiben, und vor den Eingängen sieht man neben sonstigen Gerätschaften ungeheure Stapel von Eierkartons. Ein großer schwarzer Hund stürzt sich aus dem Dunkel auf uns, bleibt dann aber knurrend in Habtachtstellung wenige Meter neben uns stehen.

Unsere Wegbereiter rufen einige Namen und klopfen dabei kurz und hart gegen eine Tür, die jedoch schon offen steht. Auf der Treppe dahinter wird eine schemenhafte Gestalt sichtbar, einer der Farmarbeiter offenbar, auf dessen wortlosen Wink wir uns beeilen, einzutreten und die Tür hinter uns zu schließen. Es scheint kein Licht zu geben in diesem Treppenhaus, durch das wir fast blind hinaufstolpern. Niemand von uns sagt etwas.

Gleich darauf lassen wir uns in einem schmutzstarrenden Raum auf vier längs den Wänden aufgestellten Betten nieder, auf denen noch ein weiterer Mann geschlafen hat, der uns nun aufsitzend freundlich zeremoniös bittet, Platz zu nehmen, und sich als Hassan vorstellt. Sein Zimmergenosse vom Eingang reicht derweil schon eine große Plastikflasche mit Wasser unter uns herum, das wir uns, sauber oder nicht, nach Art der Einheimischen von oben in den aufgehaltenen Mund fließen lassen. Sowas läuft bei mir nicht ohne

Beteiligung von Nase und Kinn ab, bei den beiden anderen Europäern allerdings auch nicht. Erst jetzt wird mir übrigens bewusst, dass ich ohne es zu merken ziemlich verdurstet bin.

Aus der nun folgenden Unterhaltung der Araber untereinander verstehe ich nicht mehr, als dass wir hier erst einmal in Sicherheit sind und in einem weiter hinten gelegenen Raum auch schlafen können. Es hätte keinen Sinn, heute Nacht noch weiterzulaufen. Morgen früh könnten wir mit dem Van des Aufsehers weiterfahren, ohne Gefahr, entdeckt zu werden. Die Frage, wer uns verfolgt haben könnte, stellt sich auch hier gar nicht erst. Ohne Zweifel gehörten diese Männer der libanesischen, mehrheitlich christlichen Miliz an, die die »Sicherheitszone« im hiesigen Grenzgebiet kontrolliert.

Die Befreiung der von Israel Enteigneten und Entrechteten vom »zionistischen Feind« wiederum war seit ihrem Bestehen Ziel und politische Legitimation für die fundamentalistisch-islamische Hisbollah-Guerilla. Und um deren ungewöhnlicher Einladung zu folgen, eine ihrer Aktionen journalistisch zu begleiten, haben wir schließlich die Strapazen und Gefahren unserer derzeitigen Wanderung auf uns genommen.

Vermutlich herbeigerufen von ihren israelischen Brötchengebern, deren unbemannte »Drohnen« auch nachts jede Bewegung unter sich weitergeben, sollten die SLA-Milizionäre unsere Ruinenstätte vorhin wahrscheinlich nach möglichen Guerilleros absuchen, für die man uns sicherlich gehalten hat.

Da sie uns zunächst im Ruinengebiet vermuteten,

haben sie uns mit dessen sorgfältiger Durchkämmung genügend Zeit für unsere Flucht durch den römischen Kanal gelassen und suchten uns später logischerweise in der nördlichen Bergregion, die uns mehr Schutz geboten hätte als die offene Landschaft, durch die wir, dank des Scharfsinns unserer Wegführer, tatsächlich geflüchtet sind.

Während weniger Stunden Schlaf auf schmalen nackten Holzpritschen in einem Raum, in dem uns auf der längeren Außenseite statt einer Wand nur eine niedrige Mauerbrüstung von dem Dunkel draußen trennt, werden wir irgendwann einmal kurz hochgerissen von Gewehrfeuer, gefolgt von Grunzen und dem nicht zu verkennenden Quietschen von Schweinen. Ein auf Arabisch ausgerufener Befehl von irgendwoher, es antwortet die heisere Stimme eines anderen Mannes, eine Tür schlägt zu und alles ist wieder still. Das heißt, soweit südliche Nächte überhaupt still sein können. Irgendwo weht immer mal ein Fetzen arabischer Singsang herüber oder der unendlich traurige Schrei eines Esels, in der Ferne das lang gezogene Heulen eines Hundes und die charakteristisch kurze Antwort von ein paar Kojoten. Einige von uns signalisieren derweil durch ununterbrochenes Schnarchen relative Gefahrlosigkeit.

Ahmed, einer der beiden Farmarbeiter, weckt uns, als es draußen langsam hell wird. Das Wetter verspricht wieder schön zu werden. Ahmed schüttet aus einer Messingkanne mit langem Spund diesen wunderbar duftenden arabischen Kaffee leider nur tropfenweise in viel zu kleine Schälchen, aber schon in den wenigen Schlückchen wirkt er doch wie ein Lebenselixier.

Draußen ist der Boden noch bedeckt mit übermannshohen Frühdunstschwaden, eine sehr günstige Fügung für unsere Weiterfahrt. Bob nimmt Ruth, ihren Norweger und mich mit demonstrativ wichtiger Miene beiseite und führt uns um das Haus herum zu einer Stelle hinter dem Bachbett, durch das nur ein dürftiges Rinnsal sickert und wo zwei große schwarze Eber unbeweglich an einem Schutthaufen liegen. Sie also sind es, die in der Nacht abgeschossen wurden.

Bob erzählt uns dazu nun eine Geschichte, die sich eher wie eine Räuberpistole anhört, und zunächst haben wir Mühe mit der Einschätzung ihres Wahrheitsgehalts. Aber gerade hier im libanesischen Süden, in dem sich der existenzielle Wettstreit zwischen dem libanesischen und dem jüdischen Genius immer wieder in leider nur negativen Superlativen niederschlägt, liegen normalerweise unglaubliche Extreme oft so nahe beieinander, dass sie ziemlich häufig genug sogar kongruent sind und sich gegenseitig auch noch potenzieren.

Diese beiden Eber nämlich mussten als israelische »Agenten« allerneuester Couleur ihr Leben lassen! Offenbar haben Gerüchte, die unter den Bewohnern der arabischen Grenzdörfer kursieren, eine seit zwei, drei Jahren ungewöhnliche Wildschweinschwemme in ihrer Gegend schon lange der Findigkeit ihrer israelischen Besatzer zugeschrieben. Dies allerdings zunächst noch in dem vergleichsweise naiven Verdacht, die Wildschweine seien zur Zerstörung ihrer Felder losgelassen worden. Wozu sonst, ging die Frage, züchteten die Israelis Wildschweine in solchen Mengen, obwohl sie selbst genau wie die Mohammedaner gar kein Schweinefleisch essen? Zugegebenermaßen eine mehr als berechtigte Frage.

Dann entdeckte man an den Ohren erlegter Tiere Ohrplomben mit israelischen Schriftzeichen. Und es dauerte nicht lange, bis sich die Hisbollah-Guerilla mit diesem Rätsel befasste und anschließend darauf ihren Reim darauf machte – freudig aufgegriffen natürlich von der ausländischen Presse. Die Ohrplomben sollen nämlich bepackt sein mit elektronischem Sensorium. Dieses nutzt die besondere Eigenschaft der Tiere, nämlich in der Nähe von Menschen unmissverständliche Grunzlaute von sich zu geben, dergestalt, dass es über Monitore der israelischen Armee oder auch der SLA frühzeitig Aufschluss zu geben vermag über eine Guerillaberührung mit ihren grunzenden Hilfstruppen. Die israelische Luftwaffe beispielsweise könnte dann etwaige Hisbollah-Aktionen aus der Luft gezielt vereiteln. Tatsächlich fehlen den Tieren jeweils beide Ohren.

Hassan, der Mann, der uns gestern Abend willkommen geheißen hatte, bestätigt uns, dass der Schäfer, der die Tiere erlegt hat, diese Ohren abgeschnitten und mitgenommen habe, um sie der Hisbollah zu übergeben. Ob sie mit Plomben versehen waren, kann Hassan nicht bestätigen. Aber er erzählt von dem unlängst gemeldeten Abschuss eines Falken, dessen Körper mit elektronischen Sendern versehen war.

Der Norweger findet natürlich prompt großen Spaß an der Geschichte und verliert sich rasch in relativierenden Vermutungen über Möglichkeiten zur ersatzweisen Plombierung von SLA-Ohren, nachdem sich Ruth zuvor über die Ausbeutung dieser wehrlosen Tiere zu Zwecken von Kriegskalkül und Besatzertaktik aufgeregt hat. Unsere immer noch finster dreinblickenden Wegführer verabschieden sich indessen wortkarg voneinander, denn der jüngere von beiden hat einen kleinen Van für uns besorgt, in dem er uns nun endlich in einen Hisbollah-Unterschlupf bringen wird. Der andere Bruder würdigt uns unerklärlicherweise keiner noch so kleinen Abschiedsgeste. Er dreht sich ganz unvermittelt auf dem Absatz herum und verschwindet wenige Augenblicke später in den immer noch dichten Dunstschwaden. Wohin er geht, bleibt uns verborgen.

Da in der ganzen Zeit unserer Anwesenheit in diesem Wadi (Tal) von den nun nicht mehr weit entfernten Grenzgebieten keinerlei Feindberührung zu hören ist, scheint es im Augenblick auch keine Kampfaktionen zu geben. So gibt Hassan das Zeichen zum Aufbruch, was bedeutet, dass wir alle auf dem Boden eines verbeulten grauen Lieferwagens Platz nehmen müssen, der sinnigerweise neben dem hinteren Nummernschild einen stark verwitterten Aufkleber mit den deutschen Nationalfarben aufweist.

Mit knurrenden Mägen legen wir nun eine Rüttel-
strecke von etwa fünfzehn Kilometern zurück, während der Morgendunst sich draußen langsam auflöst.
Der dünne Redaktionssekretär Georg Eins neben
mir geht Bob mit seinem wiederholten Gejammer,
irgendwo eine Frühstückspause einlegen zu müssen,
gehörig auf die Nerven. »Sei froh, wenn du bei unserer
Rückkehr noch ins Archiv kommst«, presst Bob wütend zwischen den Zähnen hervor. Eine gängige Drohung in allen Zeitungsredaktionen dieser Welt, nur im
Hier und Jetzt eher galgenhumorig aufzufassen, denn
das Thema Rückkehr steht ja sozusagen in den Ster-
nen für uns sechs Wanderer zwischen den Fronten.

Das Wadi hat sich derweil abschüssig verengt, sodass
statt der anfangs nur leicht erhöhten Wegränder nun
manchmal überhängende Felswände unseren Weg
rahmen. Hier und da sind Höhlen zu erkennen, die
sich unzugänglich in den Felswänden ausgebildet haben. Hoch oben an einem Felskopf ist in einem recht-
eckig herausgehauenen Fenster der abgebrochene
Rumpf einer Wege-Stele (Statue) zu sehen, ein Heilig-
tum offensichtlich, das nach meiner Einschätzung in
die Zeiten des Babylonierkönigs Hammurabi einzu-
ordnen sein müsste. Er stammte aus dieser Gegend,
und seine bahnbrechende, kodifizierte Gesetzgebung
Anfang des zweiten Jahrtausends v. Chr. wurde oft in
solch exponierten Kammern, Heiligtümern gleich,
für seine Untertanen zur steten Erinnerung auf Keil-
schriftstelen aufbewahrt.

Bob weist mich darauf hin, dass die Zerstörung

dieser Stele und anderer Altertümer im Südlibanon wahrscheinlich einem Missverständnis, einer Art von falsch verstandenem Bildersturm der islamischen Fundamentalisten zuzuschreiben ist, deren puristische Auslegung des Korans bildhafte Darstellungen frommer Thematik verbietet.

Inzwischen erzeugt die Vegetation in diesem Tal eine Fülle vielfältigster Bäume und Pflanzen, die in ihrer mittelmeerischen Charakteristik an die alten Stiche der frühen Orientreisenden erinnert. Allerdings fehlen die in Pluderhosen und Kaftane gekleideten Menschen jener Zeit in diesem Ambiente. Es ist überhaupt keine heile Welt, durch die wir gerüttelt werden. Statt dessen springen uns plötzlich zwei Bewaffnete in den Weg, die neben unserem Wagen Aufstellung beziehen, den sie soeben angehalten haben. Unser Fahrer scheint sich jedoch gut auszukennen, denn er reagiert gelassen, und die Soldaten scheinen dann mit seinen Auskünften offenbar zufrieden zu sein. Einer von ihnen zwängt sich neben Bob auf den Beifahrersitz, um uns auf unserem restlichen Weg zu den Guerillas zu begleiten. Bob, der nun nur mehr auf dem Schalthebel Platz findet, dreht sich zu mir um und grinst begeistert – es ist so weit!

Kaum fünfhundert Meter weiter stehen weitere Bewaffnete vor dem Wagen, die uns kurz darauf einen Geröllpfad hinuntereskortieren. Alle haben sich zusätzlich zu ihrer natürlichen Vermummung mittels beachtlicher dunkler Gesichtsbärte auch noch denimblaue Dreieckstücher vor Mund und Nase gebunden, um für uns unkenntlich zu bleiben. Jetzt werden wir erneut angehalten. Diesmal müssen wir aussteigen, bis auf unseren Fahrer, der den Van unverzüglich wegbringt. Ohne weiteres Verweilen werden wir von bewaffneten und vermummten Guerilleros einen stark abschüssigen Geröllpfad hinuntereskortiert. Keiner von ihnen ist uniformiert, sondern alle tragen zu dunklen Jeanshosen ebenfalls dunkle Hemden, deren Muster dem Geschmack seiner Träger überlassen zu sein scheint, und dazu festes Schuhwerk. Dafür sind sie aber ausnahmslos bewaffnet und machen einen gut durchtrainierten Eindruck. Dennoch ist nichts Martialisches an ihnen, ohnehin sind ihre Waffen, deren Typenbestimmung für mich als überzeugte Pazifistin nicht möglich ist,ich könnte keinen Karabiner von einem Gewehr unterscheiden, prinzipiell nicht von Bedeutung.

Aber in Situationen wie der augenblicklichen jedoch fallen die eigenen weltanschaulichen Überzeugungen des Journalisten strikt unter den Begriff privater Gesinnungsluxus und sind womöglich eher hinderlich. Unsere Legitimation leitet sich nur her aus unserer berufsgegebenen Neutralität in der Berichterstattung.

Wir sind nicht Verbündete und auch nicht Richter, nicht einmal Vermittler – es sei denn, Letzteres ergäbe sich indirekt durch den Tenor unserer Reportagen. Diese Erkenntnis wird von meinen westlichen Kollegen bei ihren Auslandsreportagen allzu selten verinnerlicht und das gereicht ihnen oft zum eigenen Schaden.

Wir gelangen nun an ein fast ausgetrocknetes morastiges Bachbett, das wir auf Anweisung unserer Begleiter so überqueren müssen, dass wir nur von Stein zu Stein springend das niedere Buschwerk auf der gegenüberliegenden Seite erreichen, ohne Fußspuren zu hinterlassen. George Zwei, Bobs Schützling oder besser Bobs Bürde, gleitet natürlich prompt aus und bleibt mit dem Fuß im Ufermorast stecken. Als einer unserer bärtigen Begleiter ihn am Kragen herauszieht wie ein verängstigtes Tier, bleibt sein Schuh zurück und wird sofort vom Wasser des Bachs glucksend verdeckt. Eine ungeduldig kurzhastige Suchaktion wird schnell erfolglos abgebrochen, und der arme Bursche, ohnehin schon von offenkundiger Angst gebeutelt, muss nun zu allem Überfluss auch noch auf einem nur bestrumpften Fuß durch das Dickicht stolpern.

Um nicht aufzufallen, klettern wir dann, unterteilt in zwei Gruppen, eine steile Anhöhe hinauf, die zweimal von einer Art Schützengraben längsweise durchzogen ist. Immerhin zieht man für uns ein paar Bauholzbretter aus dem Strauchwerk, damit wir sie schneller und besser überqueren können. Sorgfältig werden dieselben danach an der gleichen Stelle wieder verborgen.

Nachdem wir gut dreihundert Meter weit vorangekommen sind, erreichen wir eine über uns entlanglaufende waagerechte Felsscharte, die wir schon vom Auto aus sehen konnten, und einen winzigen Pfad.

Dem folgen wir unter einem gewaltigen Überhang ein paar Minuten lang.

Schließlich befinden wir uns auf einem herausspringenden Felsstück, das, wie auf einem Unterstand, nach allen Seiten offen ist. Ein von diesem unverdächtig herabhängendes Netz von ausgedörrten Wurzeln und Unterholz erlaubt uns wie durch einen Vorhang hindurch den freien Ausblick über das enge Tal, ohne selbst gesehen zu werden. Zwei kaum mannshohe Spalten in der Felswand hinter uns bilden offenbar den Eingang zu einem Unterschlupf, denn das körnige Geröll davor ist stark zertreten. Unser Wegführer klemmt sich jetzt auch wortlos durch den rechten Spalt ins Innere, wird gleich darauf wieder sichtbar und winkt uns hinter sich herein.

Erst jetzt fällt mir auf, dass unser Aufstieg wie selbstverständlich in vollständigem Schweigen vor sich gegangen ist. Seit Stunden scheint außer Bobs Assistenten keiner von uns mehr etwas Nennenswertes gesagt zu haben. Auch die vergebliche Suche nach seinem Schuh war nur unter gestenreicher Mimik verlaufen. Er steht auch jetzt mit sorgenvoller Miene neben Bob und hält den bestrumpften Fuß seitlich abgewinkelt, als sei er verletzt. Vor ihm hat sich der Norweger aufgebaut und blickt gedankenvoll ins Tal hinab. Ruth versucht leise fluchend derweil unter Anzeichen wachsender Ungeduld, sich mit den Fingern die Haare zu richten.

Der junge Guerillero, offenbar der Sohn von Hassan, kriecht nun wieder aus der Felsspalte heraus und geht uns durch die andere voran in eine roh behauene Höhle, die so niedrig ist, dass der Norweger sich einrollen muss, um hindurchzupassen. Er lässt mir zuvor mit einer übertriebenen Verbeugung den Vortritt, nicht ohne einen ironischen, aber akustisch nicht ganz verständlichen Kommentar abzugeben, ausnahmsweise mal im Flüsterton, jetzt, wo es gar nicht notwendig wäre. Nach drinnen fließt Licht aus verschiedenen kleinen Felsöffnungen, die mir von außen gar nicht aufgefallen sind. Entlang den Wänden des etwa 60 m² großen Raums sind unter niedriger Felsdecke etliche grauschwarze Decken auf dem Geröllboden aufgestapelt, daneben lehnt eine diesmal auch für mich typenmäßig erkennbare Kalaschnikow wie ein makabres Dekorationsstück an der Wand.

Links vom Eingang liegt auf einem niederen Felsvorsprung ein Stapel größerer, hastig zusammengeschobener Landkarten, mit einem rohen Stein beschwert. Daneben schimmern messingfarbene Projektile aus einem wirren Haufen von Patronengürteln, abgeworfen auf etliche dunkle Kisten. In dem schummerigen Licht finden wir Platz auf den Deckenstapeln, während die uns begleitenden Guerilleros sich teilweise hinhocken oder aber stehen bleiben, wobei sie uns ganz unverblümt, wenn auch scheinbar teilnahmslos im Auge behalten. Jeder hält seine Waffe griffbereit neben sich.

Gern unterwerfen wir uns dem nun abrollenden Willkommenszeremoniell. Aus der Nebenhöhle bringt man uns ein Blech mit kleinen Teegläsern herein, der dampfende Tee darin funkelt tiefgolden. Zugleich reicht man uns diese allgegenwärtige Wasserkaraffe mit dem Spund herum.

Der Norweger erklärt in diesem Zusammenhang überflüssigerweise seine eigene Bartlosigkeit als zivilisatorische Konsequenz, schon weil der von den Kämpfern fast ausnahmslos getragene Vollbart für Zivilisationsmenschen, die aus Tassen trinken, ein lästiges Hindernis darstellen würde. Wir anderen nehmen das eher humorlos, auf jeden Fall kommentarlos zur Kenntnis.

Als der Tee soweit abgekühlt ist, dass wir ihn in kleinen, zungenheißen Schlückchen trinken können, kommt zu meinem Erstaunen eine junge Frau herein, die in ihrem zypressengrünen Kampfdrillich, das charakteristische schwarzweiß gescheckte Bauerntuch der Guerilla um Kopf und Mund gewunden, eher wie eine palästinensische Widerstandskämpferin gekleidet ist. Ein Absurdum in diesem Rahmen, denn die Palästinensische Guerilla steht der Hisbollah entgegen den Lehren des Urguerilleros Mao Zedong eher feindselig gegenüber.

Wichtiger ist jetzt, dass sie uns eine große Platte mit papierdünnen braunen Fladenbroten hereinbringt, die wunderbar duften und noch knistern von der Hitze des Backofens. Dazu reicht sie uns irdene Schüsseln mit streichdickem Quark darin, der zusammen mit frischen Pfefferminzblättern in dieses Brot eingewickelt gegessen werden soll. Gott sei dank dürfen wir uns an dieser Wohltat satt essen, eine Mahlzeit, die in meiner Erinnerung für alle Zeit mit einem kulinarischen Stern ausgezeichnet ist.

Bobs Assistent, aus Unglück klug geworden, offenbar in dem Bestreben, endlich einmal nicht zu den Verlierern zu zählen, wickelt sich hastig zwei weitere Brotrollen in das harte Papier, auf dem die Brote serviert wurden, und lässt diese verstohlen in der Innentasche seiner zerknitterten Safarijacke verschwinden. Dann erst rollt er sich ein drittes Brot zum sofortigen Verzehr und macht sich hungrig darüber her. Es bleibt ihm nach den ersten hungrigen Bissen aber fast wieder im Halse stecken, als er sich im Zentrum unserer missbilligenden Aufmerksamkeit findet. Bobs Gesichtsausdruck spricht Bände, aber in George hat der Ehrenkodex den Kürzeren gezogen vor dem Mut der Verzweifelten, und entsprechend herausfordernd blickt er nach der ersten Schrecksekunde auch zu Bob, seinem Boss, hinüber.

Schon vorher hatte man bei ihm Maß genommen und nach einem Paar Stiefel geschickt, die ausgerechnet jetzt hereingebracht werden und ihm nach des Norwegers hoffnungsvoller Einschätzung den Mut und die Schnelligkeit des Prometheus vermitteln werden. »Dafür müssten ihm aber auch noch dessen Flügel wachsen, und das ist kaum zu erwarten«, vermutet Bob zähneknirschend.

Während ihm die Stiefel angepasst werden, hält George sein Brot krampfhaft in die Höhe. Er hätte vielleicht eher Komiker werden sollen statt Redaktionsassistent. Wenigstens die Stiefel passen leidlich. Aber aus zusammengekniffenen Augen misst er die beiden wegen ihrer gehässigen Bemerkungen in schlecht verhehlter Wut.

Über kurz oder lang ist uns dann nach und nach aber allen ganz heimelig zumute im Schutz unserer Höhle. Ruth moniert eben die Stärke des Tees, als zwei Männer eintreten, angesichts derer die Kombattanten ehrerbietig aufspringen. Der Jüngere ist in eine graue Abaya eingehüllt, die feinere Ausgabe des jahrtausendelang unveränderten Beduinenumhangs und trägt auf dem Kopf den schweren schwarzen Turban der schiitischen Geistlichkeit. Vor uns steht, mit seinem vom Vollbart dicht gerahmten, wiewohl fast lausbubenhaft wirkenden Jungengesicht, einer der gefährlichsten Widersacher Israels vor Ort, Scheich N., Ziel von einer ganzen Legion von Headhunters, die sich ungeachtet der ihnen dabei drohenden Lebensgefahr auf seine Fährte gemacht haben, um sich das auf ihn ausgesetzte, astronomisch hohe Kopfgeld zu verdienen. Er mustert uns freundlich durch die starken Gläser seiner immensen Brille, während unsere Gastgeber sich einem für uns Europäer immer wieder beeindruckenden Begrüßungsritual für ihn unterziehen.

Ruth flüstert, die Grußfloskeln seien dem Koran entnommen, was Bob wortlos mit kurzem Nicken bestätigt. Ohne dass dem eine besondere Vorstellung vorausgegangen wäre, begrüßt uns der Geistliche jetzt alle mit Namen, wobei er von einem zum anderen geht und jedes Mal fragend die Brauen hebt, wie um sich zu vergewissern, dass er die Namen der Angesprochenen auch richtig zugeteilt und ausgesprochen hat. Wir alle beeilen uns, aus der angenehmen Wärme unseres Deckenlagers hochzukommen, um ihn auch unsererseits stehend zu begrüßen.

Zu meinem Erstaunen begrüßt er mich mit besonderer Herzlichkeit. »Eine große Ehre ist Ihr Besuch hier bei uns, Madame«, beginnt er, wobei er unter leichter Verneigung seine rechte Hand auf seine Brust legt, »und ich bin meinem Freund Bob A. hier sehr dankbar, dass er Sie mitgebracht hat.« Dann begrüßt er den ausnahmsweise einmal wirklich verblüfften Bob mit salopp-freundschaftlichem Handschlag und fährt dann, wieder mir zugewandt, erklärend fort: »Madame ist der Hisbollah gut bekannt. Sie hat sich sehr für unsere Sache eingesetzt, und wir sind ihr in Dankbarkeit verbunden.« Dabei blickt er sich in der Runde um, als ob er ihren Beifall wünsche.

Jetzt endlich erkenne ich den Grund für diese Ehrung, die seitens der anwesenden Kämpfer nun auch mit offenkundiger Ehrerbietung mir gegenüber gewürdigt wird und die ich auf keinen Fall mit der uns Europäern anerzogenen Bescheidenheit schmälern darf. Dies müsste für den Scheich Gesichtsverlust bedeuten, so als sei er ein Mann leichtfertiger Übertreibungen. Also verneige ich mich ebenso und vollführe mit der rechten Hand jene Dankesbezeugung von der Stirn zum Mund und dann zur Brust hin, die ich früher tatsächlich öfter mal geübt habe, weil mich diese Geste so nachhaltig beeindruckt hat, wie etwa der gekonnte Hofknicks der Damen vor der englischen Queen. Dann bedanke ich mich artig für die freundliche Begrüßung und betone, dass es mir eine Ehre und Freude gewesen ist, ihrer Sache in Deutschland – wenig später würden wir uns darüber noch ausführlicher unterhalten – die verdiente Aufmerksamkeit zu verschaffen. Vorsicht, Vorsicht, ich bewege mich auf dünnem Eis, sollte nur das sagen, was ich auch vertreten kann, ohne in servile Übertreibungen zu verfallen, die ich später dementieren müsste. Damit wäre niemandem gedient, schon gar nicht meiner Glaubwürdigkeit.

Etwas später sitzen wir mit ihm um den Stapel Landkarten herum, deren eine er vor uns ausbreitet. Dabei lugt er so nett und unbefangen aus seinem überdimensionalen Bart von einem zum anderen, dass ich mir schlechthin nicht vorstellen kann, dass er außer vielleicht einer reißerischen Rhetorik die besondere Härte und Kompromisslosigkeit mitbringen könnte, die mir für seine Stellung als militärischer Führer der Hisbollah unerlässlich erscheint. Nicht anders ist es mir allerdings auch mit seinem Stellvertreter in der Hisbollah-Führungstroika, Scheich K., ergangen. Zu meinem eigenen Erstaunen hatte ich anlässlich eines Fernsehinterviews mit ihm seiner differenzierten Aufschlüsselung des Hisbollah-Standpunkts in Teilen durchaus zustimmen können und meine Redaktion damit in ziemliche Schwierigkeiten gebracht bei der inhaltlichen Aufbereitung für deutsche Toleranzgrenzen.
Unwillkürlich muss ich auch an den spirituellen und

geistigen Führer dieser Guerillabewegung, Scheich M., denken, dessen beeindruckende geistliche Präsenz aus meiner Sicht so gar nicht mit den kriegerischen Thesen der Hisbollah zusammenpasste. Obwohl diese in der Tat weitgehend auf seinen religiösen Interpretationen basieren. Klein und rundlich und mit ständig rutschendem Megaturban auf dem fast kahlen Kopf, würzte der kaum sechzigjährige Ulema[4] seinerzeit auf einer früheren Audienz, an der auch ich teilnehmen durfte, seine Glaubensinterpretationen immer mal wieder mit gekonnten Showeinlagen, mal mit rituell eingeübtem Tränenvergießen oder auch mit feurigen revolutionären Parolen. Dabei war er umgeben von Scharen von streng nach Geschlecht getrennten Zuhörern und Zuhörerinnen, die in stundenlanger Ehrerbietung seinen kehligen, hochtönigen Ausführungen lauschten. Eine bühnenreife geistliche One-Man-Show, die überhaupt nichts Martialisches an sich hatte.

Hier in unserer Höhle wird jetzt Licht gemacht, indem man einige an einer dünnen Schnur entlang den Felswänden verteilten Glühbirnen an eine Autobatterie anschließt, die neben dem Eingang auf dem Boden steht. Sie war bisher von einem Schaffell verdeckt, das bei Dunkelheit offenbar vor die Eingangsspalte gehängt wird, um keinen Lichtstrahl nach draußen dringen zu lassen.

Scheich N. deutet auf einen eingetragenen Kreis auf einer Karte und teilt uns mit, es sei eine nachmittägliche Kampfaktion in zwei verschiedenen Abschnitten

---

4 Religionslehrer des Islam

geplant, an denen wir aber nur getrennt teilnehmen könnten. Denn unsere Gruppe sei zu groß zur Begleitung einer einzigen Kampftruppe. Da alle Widerstandsaktionen nur in kleinen Gruppen ausgeführt würden, müsse auch die unsrige unterteilt werden. Außerdem müssten wir wie seine Kämpfer zu diesem Zweck grün-braun gescheckten Geländedrillich tragen und dunkle Kappen mit Sehschlitzen, die wir bei Bedarf übers Gesicht ziehen müssten. All das, um unseren Verfolgern im Gelände nicht aufzufallen. Das sei besser als schwarze Gesichtsbemalung, die schlecht zu entfernen sei und uns für den Fall unserer Gefangennahme schnell als Kombattanten identifizierbar machen würde. Unsere Ausrüstung liege schon bereit, werde uns aber erst in einigen Stunden ausgeliefert. In der Zwischenzeit könnten wir zwei erbeutete israelische Panzer besichtigen, die in der Entfernung eines halbstündigen Fußmarsches von unserem derzeitigen Ausguck versteckt im Unterholz seien.

»Werden Sie diese Panzer im Feld auch selbst benutzen?«, fragte ich den Scheich. »Sie wären darin aus der Luft gar nicht als Feind erkennbar.«

Er bekam plötzlich diesen bestimmten Blick, der mir zusammenhanglos bei Ärzten erinnerlich ist, wenn sie während Small-Talk-Geplätschers unvermittelt nach einem kniffligen medizinischen Prozedere befragt werden und sich anschicken, darüber konkret zu referieren.

»Wir nehmen an, dass diese Panzer so präpariert worden sind, dass sie im Falle ihrer Erbeutung durch uns Signale irgendeiner Art aussenden können. Wir wissen nicht, welcher Art sie sein könnten, und haben auch nichts dergleichen gefunden, vielleicht gibt es da auch gar nichts. Aber gerade im Falle eines Widersachers wie Israel ist es besser, seine Feinde zu über- als zu unterschätzen. Diese Feinde haben immer neue Tricks im Ärmel. Außerdem«, fährt er fort, »kennen wir unseren angestammten Grund und Boden bis zum letzten Stein und bewegen uns darauf wie Schlangen. Panzer sind für uns viel zu unbeweglich, zu laut und letztendlich im Ganzen zu auffällig. Aber ihre Erbeutung bedeutet dennoch viel für uns, die drüben haben sie natürlich schnell ersetzt. Dafür zahlt kräftig unter anderem auch Ihr Land.«

Der Norweger fühlt sich angesprochen und murmelt einen unverständlichen Einwand, der wohl ein Protest sein soll. Damit zieht er nun zum ersten Mal die offene Aufmerksamkeit unseres Gastgebers auf sich.

»Ihr Land beteiligt sich nicht direkt an Waffenlieferungen an Israel«, meint er beschwichtigend, aber seine Augen bleiben hart. »Und Sie haben in der Tat einigen Blutzoll für den Schutz unserer Grenzbevölkerung geleistet, als Ihre Landsleute die Kontingente der UN-Friedenstruppen hier an der Grenze stellten. Aber Ihre Friedensinitiative zwischen Israel und einem fiktiven Staat Palästina lehnen wir grundlegend ab. Es kann keinen Zweckfrieden geben mit Israel, denn in solchen Abkommen waren bisher immer die Araber die Verlierer, und das wird sich auch diesmal nicht ändern.«

Er rückt sich mit beiden Händen den ungeheuren Turban zurecht, bevor er lauter werdend in etwa wie folgt fortfährt: »Israel steht mit dem Rücken zur Wand in seinem unrechtmäßigen Existenzkampf auf palästinensischer Erde und hat von Anfang an auf Kampf und Verrat gesetzt. Es ist ein spätkoloniales Produkt der Westmächte und schon von daher nicht auf friedliche Koexistenz mit der arabischen Bevölkerung angelegt. Deshalb muss Israel hier mit aller Kraft bekämpft werden! Und die Zeit ist mit uns. Weder die Söhne unserer Söhne noch deren Söhne werden ablassen von diesem Ziel!«

Der Norweger senkt den Kopf. Der Scheich versteht dies wohl als Zeichen von Uneinsichtigkeit und blickt sichtlich ungeduldig auf den Norweger. »Mir wurde gesagt, dass Sie hierhergekommen sind, um sich über Tatsachen zu informieren. Unsere Absicht ist es, Sie ganz präzise dabei zu unterstützen. Dafür erwarten wir von Ihnen nichts mehr und nichts weniger als Objektivität. Wir befürchten allerdings«, und dabei mustert er uns andere unversehens mit einem langen Blick, »dass Sie, wie schon so viele Vertreter Ihrer Länder, die vor Ihnen hier waren, bei Ihrer Rückkehr genau das Gegenteil tun werden und lieber dem Opportunismus Ihrer offiziellen Nahostpolitik den obligatorischen Tribut zahlen. Dabei würde Objektivität nur stören. Objektivität ist erfahrungsgemäß Ihre letzte Sorge.«
Dass der Norweger als Journalist unterwegs sein soll, ist mir neu. Vielleicht ist er aber seitens der Hisbollah

nur versehentlich als solcher eingestuft worden, weil Ruth ihre Führungsdienstleistungen zumeist durchreisenden Journalisten zur Verfügung stellt. Möglicherweise haben sich beide aber auch nur über diese Tarnung ihre Teilnahme an unserem Begleitunternehmen erschlichen. Als ich bemerke, dass der Scheich prüfend zu mir herüberblickt, bemühe ich mich, Ahnungslosigkeit zu zeigen, um in dieser Sache meinerseits keine Zweifel zu signalisieren.

Etwas erstaunt registriert er denn auch, dass ich seinen Worten unter Bedauern zustimme, bevor er seinen Kämpfern zuwinkt, die ihm gleich darauf nach draußen folgen. Bis auf zwei, fast noch Kinder hinter ihren rührenden Milchbärtchen, die der Scheich zuvor freundlich angewiesen hat, bei uns zu bleiben, »falls wir etwas wünschten«, wie er sich ausdrückt.

Ruth lächelt ihrem Begleiter aufmunternd zu und mokiert sich über die wenig konziliante Haltung des Scheichs in der Sache selbst und in seiner wenig positiven und verletzenden Meinung über unsere Ehrlichkeit bei der Einschätzung unserer Berichterstattung zuhause beim Thema Hisbollah und ihrer Befreiungslegitimität gegenüber Israel. »Er hat doch Recht«, verteidige ich den Mann, »denn die wenigen Journalisten, die objektiv aus dieser endemischen Krisenregion berichtet haben, kann er sich an den Fingern abzählen. Nach meiner Kenntnis hat beispielsweise kein einziger deutscher Politiker von Rang bisher jemals einen Fuß ins schiitische Lager gesetzt. Und Politiker anderer

Länder in wenigen Einzelfällen nur dann, wenn sie dorthin entführt wurden.«

»Das kann uns immerhin auch noch passieren, denken Sie beispielsweise an den Unterhändler der anglikanischen Kirche im Auftrag der britischen Regierung, Gerry W., der war schließlich freiwillig bei der Hisbollah zu Besuch, bevor sie ihn als Geisel nahmen«, gibt Ruth spitz zurück, worauf Bob sie mit einem trockenen »Das wussten Sie schließlich schon vorher, bevor Sie mitgekommen sind!« vorerst zum Schweigen bringt. George hat sich derweil an die Felsenwand zurückgelehnt und hält die Augen geschlossen. Der etwas hitzige Ton unserer Unterhaltung hat auch die beiden Jungen an der Tür inzwischen dazu veranlasst, uns etwas genauer im Auge zu behalten.

Nicht zuletzt deswegen nehme ich die Gelegenheit wahr, meine Reisebegleitung mit der Schilderung zu unterhalten, welchen unangenehmen Folgen ich in der Vergangenheit gelegentlich ausgesetzt war, in meinem Bestreben als politische Journalistin meine Reportagen immer in den Rahmen objektiver Unbefangenheit zu setzen, angefangen vom Abhören meiner Telefonate bis hin zu Besuchen vom Staatsdienst.

»Objektivität in der Berichterstattung setzt oft eine kaum vermeidbare Unbefangenheit voraus, die leicht mit Blauäugigkeit verwechselt werden kann«, doziere ich und verteidige damit meine Berufskollegen ein bisschen wider Willen. »Journalisten können sich also schon aus Gründen ihrer persönlichen Sicherheit nicht

prinzipiell leisten, sich etwa nach dem Motto ,Häns-
chen klein in dem großen Wald allein' zu verhalten«,
fahre ich fort. »Wie das ausgehen kann, wissen wir inzwischen zur Genüge.«

Meine Zuhörer gähnen verhalten.

Der Dank der Hisbollah über meine Bemühungen
um objektive Berichterstattung dagegen ist ehrlich
und rührt mich. Ich stelle mir auch gleich vor, wie er
wohl ausfallen würde, wenn sie wüssten, welche persönlichen Folgen mir mein in diesem Licht fast schon
missionarisches Engagement für ungeschminkte und
objektive Berichterstattung auch über ihre Bewegung
noch einbringen kann. Der Gedanke daran lässt mich
die Dinge hier in Hisbollah-Gesellschaft zwangsläufig in ähnlicher Gelassenheit abwarten, wie es offenbar auch der Norweger tut. Mir geht allerdings seine
Ironie ab, denn selbst wenn ich die Gefahr, in der die
Menschen des libanesischen Südens tagtäglich vollkommen unverschuldet leben und arbeiten müssen,
nur augenblicksweise teile, vermittelt sie mir doch ein-
drucksvoll genug das berechtigte Anliegen der islamischen Resistance, ihre von Waffengängen jeglicher
Art zerfurchte und verminte Heimat den israelischen
Besatzern wieder zu entreißen.

Hier in unserer Höhle kommt es mir vor, als entwi-
ckelten wir – im Status quo eines fast schon normal
erscheinenden Ausnahmezustands – inzwischen ein
gewisses Eigenleben unter Ausschluss der Außenwelt.
Womit wieder einmal bewiesen wäre, dass man sich
buchstäblich an alles oder zumindest vieles gewöhnen

und eine solche Gewöhnung dann auch ihr eigenes Momentum gewinnen kann. Die plötzliche Aufregung der beiden Kämpfer am Eingangsspalt bringt uns das schnell zu Bewusstsein.

Zwei israelische Apache-Hubschrauber dröhnen gerade in ihrem typischen metallischen Propellerstakkato durch das Tal, in ziemlichem Tempo allerdings, um sich nicht den dort vermuteten Flugabwehrraketen der Guerilla auszusetzen. In der Tat könnten diese die Hubschrauber und sogar ihre einzelnen Insassen von unserer Stelle aus leicht erreichen, aber vielleicht ist dieser Standort unseren Kämpfern hier zu wichtig, als dass sie ihn für den Abschuss eines Hubschraubers bestenfalls zweier Hubschrauber aufs Spiel setzen wollen. Vielleicht ist aber auch unsere Präsenz hier der Hauptgrund für ihre augenblickliche Zurückhaltung. Denn Höhlen wie diese muss es in den porösen Steinwänden der zahlreichen Felsformationen in dieser Gegend eigentlich zuhauf geben.

Und bei diesem Gedanken steigt mir plötzlich wieder dieses unangenehme Gefühl des Ausgeliefertsein im Magen hoch – was wäre nun gewesen, wenn sich die Partisanen doch für den Versuch entschieden hätten, die Hubschrauber abzuschießen. Sie hätten uns vorher nicht um Erlaubnis bitten müssen. Auch sind die Israelis beileibe nicht zimperlich bei der Wahl ihrer Kampfmittel, und wenn es nur eine Rauchbombe gewesen wäre, die sie – Zielgenauigkeit vorausgesetzt – in unsere Höhle geschossen hätten. Es gehen genug

Gerüchte um von sehr viel problematischeren Aus-
räucherungsmethoden und die Probe aufs Exempel
würden wir wahrscheinlich gar nicht überleben. Selt-
samerweise ist es der Norweger, der in diesen Minuten
zum ersten Mal echte Angst zeigt. Aber ehe ich Zeit
habe, mich darüber zu wundern, erlischt das Licht,
derweil sich eine Reihe von Partisanen hastig durch
den Eingang unserer Höhle hineinzwängt.

Sie ziehen fast blind von dem Lichtunterschied die
Patronengürtel von den Kisten und legen sie sich mit
wenigen Handgriffen um. Dabei verständigen sie sich
in Wortfetzen, die ich immerhin so weit verstehe, dass
ich die Situation als dramatisch begreife.

Jemand fasst mich am Arm, und gleich darauf höre ich
Ruths Atem dicht an meinem Ohr und dann ihre bange
Frage: »Um Gottes willen, was haben die mit uns vor?«

»Mit uns sicher erst mal nichts«, versuche ich sie auf
Deutsch zu beruhigen. »Ich glaube eher, die Jungs hier
bereiten sich auf eine Verteidigung unseres Standorts
vor, falls die Israelis zurückkommen, weil sie uns vielleicht doch geortet haben.«

Von unserer Gruppe ist sonst nichts zu hören, auch
ist keiner von ihnen im Gedränge der dunklen Gestalten um uns herum auszumachen.

Eine Weile verharren wir alle in atemlosem Schweigen und horchen angestrengt auf Geräusche von draußen. Ich habe jedes Zeitgefühl verloren. Irgendwann
robbt ein Kämpfer durch den Felsspalt zu uns herein
und fragte leise nach dem Scheich. Dieser ruft ihn aus
dem Innern der Höhle zu sich. Nach einer kurzen Be-

sprechung kommt er zu uns und gibt auf Arabisch aus unserer Mitte heraus schnelle kurze Anweisungen an zwei seiner Leute, die daraufhin unverzüglich in gebückter Haltung nach draußen verschwinden. Dann wendet er sich an unsere Gruppe, die wundersamerweise im Dunkel inzwischen zueinandergefunden hat. Bob ist sein Ansprechpartner und übersetzt uns anschließend seinen Krisenplan.

Wie ich bereits befürchtet habe, erscheint unsere Höhle den Kämpfern nun doch als sehr gefährlich. Nicht auszuschließen ist, dass die Hubschrauberbesatzungen sie tatsächlich als unseren Unterschlupf ausgemacht haben.

Wir sollen also in einen anderen Unterstand auf der Rückseite unseres Felsens überwechseln. Den können wir aber nur erreichen über einen hoch über uns liegenden Durchgang zwischen zwei Felskegeln, an dessen Ausgang wir uns allerdings noch einmal auf einen etwa hundert Meter tiefen Steilabstieg gefasst machen müssten. All das im Eilmarsch und immer in Gefahr, von überfliegenden Hubschraubern gesichtet zu werden. Nur der Gipfeldurchgang würde uns einen prekären Sichtschutz gewähren, allerdings nicht für längeres Verweilen.

»Die Alternative«, so der Scheich, »liegt ausschließlich in Ihrem Ermessen, bedeutet aber den Abbruch Ihrer Kampfbegleitung. Sie könnten als Gruppe ganz unverdächtig durch das Tal in Richtung Meer weitergehen und als Ausländer sogar den Hubschrauberbesatzungen freundschaftlich zuwinken. Falls diese trotzdem noch Verdacht haben sollten und jemanden zu Ihnen dirigieren, der Sie nach dem Grund Ihrer Anwesenheit hier fragt, geben Sie einfach an, Sie seien Presseleute auf einer Besichtigungstour von Ausgrabungsstätten und dabei von SLA-Milizen beschossen worden. Sie hätten sich dann in dieses Tal geflüchtet und seien nun in Richtung Tyrus auf dem Rückweg.«

Ein plausibler Vorschlag und in unserer Lage nicht von der Hand zu weisen, schon gar nicht hinsichtlich der uns verbleibenden anderen Möglichkeit und der unweigerlich damit verbundenen Aussicht auf einen Gewaltmarsch durch Bergspalten und Felswände unter abwechselnden Beschusseinlagen.

»Natürlich sind Sie uns auch weiterhin willkommen«, sagt der Scheich abschließend, »aber Sie wären dann genau wie wir in permanenter Lebensgefahr«, schloss der Scheich. »Machen Sie sich da besser keinerlei Illusionen.«

Eigentlich ist es Bob, der uns die Wahl abnimmt. »Wir sind jetzt einmal hier, wir haben schon lange auf diese Gelegenheit gewartet, und Illusionen hatten wir von Anfang an nicht«, antwortet er dem Scheich auf Englisch und bringt es doch tatsächlich fertig, fast verschlafen dabei auszusehen. Keiner von uns erhebt Einspruch, auch wenn uns der leichtere Ausweg so übel gar nicht vorkommen will. Aber tatsächlich hat Bob ja Recht – wer von uns würde jetzt angesichts der zu allem entschlossenen Guerilla zugeben mögen, dass uns die Sache so ernst nicht gewesen wäre oder wir gar mit einer Art von touristischem Disneyprogramm in Guerilla Country gerechnet hätten. Gesichtsverlust ist bei aller Angst auch für Europäer nicht so leicht wegzustecken in Gegenden wie dieser. Ausgerechnet der Norweger ist es, der mit schiefem Lächeln dazu bemerkt, dass es ihm schon leid tun würde, auf das gescheckte Drillichzeug zu verzichten, das wir nun überziehen müssen. Sein Witzeln hat etwas Linkisches bekommen, und ohne es mir richtig erklären zu können, beobachte ich ihn fortan mit versteckter Neugier, auch weil mir sein angstvoller Ausdruck von vorhin nicht aus dem Kopf gehen will.

Für weitere müßige Überlegungen bleibt auch keine Zeit mehr. Schon geht es so gebückt wie möglich durch den Spalt nach draußen, wo inzwischen eine dünne frühe Nachmittagssonne lange Schatten wirft. Niemand ist zu sehen oder zu hören. Alles scheint atemlos still, als wir einem zu unserer Führung bestimmten Guerillero einen schmalen Pfad in die Felswand hinauf folgen. Nur das matte Tappen unserer im Geröll unsicheren Tritte hebt sich akustisch ab von dem ruhigen Raunen der Natur um uns herum. Eigentlich sollten wir einen circa zehn Meter langen Abstand zwischen uns halten, aber eine offenbar uns allen eigene unbestimmte Angst lässt uns auf wenige Meter voneinander aufschließen. Ruth hält sich sogar am Gürtel des Norwegers fest und lässt sich in seinem Schatten quasi mitziehen. Hinter uns kommt offenbar erst einmal niemand mehr. Es scheint, dass wir mit unserem Führer allein den Aufstieg machen, denn niemand sonst hat sich unserer Gruppe angeschlossen. Vielleicht warten die Kämpfer noch auf die Rückkehr der Hubschrauber oder verdrücken sich über andere Fluchtrouten.

Ich selbst habe große Mühe, mit meinen normalen Straßenschuhen in dem Geröll nicht ins Rutschen zu kommen, und bedaure sehr, keine Hosen zu tragen statt meiner Jeans-Saharienne, die sich unter dem Drillich-überzug dauernd nach links und rechts verzieht. Da ich als Erste im Gänsemarsch unserem Guerillero folge, muss er mit sichtlichen Zeichen wachsender Ungeduld seine Geschwindigkeit immer wieder der meinigen anpassen. Der Umstand seiner Religionsvorschriften, wonach strenggläubige Muslime fremde Frauen nicht berühren dürfen, macht es ihm unmöglich, mich ein-fach an der Hand nachzuziehen und mir so den nötigen Halt beim Klettern zu verschaffen. Sicher war in seinen Augen jetzt allein die Frau hinderlich, nicht aber seine Religion, denke ich und mache mich meinerseits auf ent-sprechenden Widerspruch gefasst, sollte auch nur der kleinste Vorwurf in dieser Richtung von ihm kommen.

Nach etwa vierzig Metern Kletterstrecke verbreitert sich der Pfad und führt in einer scharfen Kurve in ent-gegengesetzter Richtung den Berg hinauf. Er ist hier bewachsen mit einer Ginsterart und dicht eingegrenzt von halbhohen Weißdornbüschen, und diese Tatsache rettet uns genau in dem Augenblick das Leben, als ich sie bewusst wahrnehme. Denn unvermittelt erzittert die Luft von einem ungeheuren Hubschraubergeknat-ter etwas unter uns, und wir werfen uns wie auf Kommando in den Schatten dieser wenigen Sträucher in den Felsschotter, als wenn wir immer schon Übung gehabt hätten in solchen Praktiken. Da sind sie schon neben uns, offenbar dieselben Hubschrauber wie vorher, aber sie halten sich erschreckend lange auf unserer Höhe und senken sich dann plötzlich weiter hinab, wodurch wir ihrem Blickwinkel zunächst wieder vollständig entzogen sind.

Kaum eine Minute später erbebt alles um uns herum von wiederholten Explosionen, die kaum dreißig Meter unter uns zweifellos den Unterstand verwüsten, den wir eben erst verlassen haben. Eine Pause entsteht. Dann hört man nur das Dröhnen der Hubschrauberpropeller, während eine schmutzig weiße Staubwolke vor uns aufsteigt, die uns zusätzlich den Blicken der Hubschrauberbesatzungen entzieht, schleimhautreizend und angefüllt mit dem Geruch von Sprengstoff. Eine erneute Salve lässt uns in unserer unbequemen Lage verharren, ohne dass wir auch nur das geringste Hüsteln wagen, obwohl uns beißender, rußiger Qualm schier den Atem zu nehmen droht. Wieder gibt es eine Schusspause, dann eine weitere, kürzere Salve und noch mehr weißer Staub und dichterer Qualm, die zwar von der Propellerbewegung der Hubschrauber bewegt, aber nicht aufgelöst werden. Gottlob, würde man meinen, wenn man nicht gleichzeitig dem Ersticken nahe wäre. Wahrscheinlich selbst durch diese Qualmwolke an der Sicht gehindert, steigen die Hubschrauber nach weiteren angstvollen Augenblicken langsam wieder hoch und

drehen scheinbar zögerlich in Richtung östlicher Berg-
züge ab, ohne uns bemerkt zu haben.

Unser Guerillero springt wie wild geworden auf und
rennt wortlos den Pfad hinauf, ohne sich im Geringsten darum zu kümmern, ob wir ihm folgen oder nicht.
Prustend wischen wir uns den Staub aus den brennen-
den Augen. Da die Personen hinter mir auch kaum
noch etwas sehen können und den Abgang unseres
Wegführers deshalb mit Sicherheit noch gar nicht
bemerkt haben, bleibt es sinnigerweise mir überlassen, unser Trüppchen nicht nur zum Weitermarsch
zu drängen, sondern es auch anzuführen. Kopfschüttelnd über diese mir von einem sonderbaren Schicksal
gestellte neue Aufgabe rufe ich zur Eile auf, und sie
beeilen sich, dem nachzukommen.

Fast immer noch fast blind von dem Effekt des San-
des in unseren Augen und unter erbärmlichem Husten stolpern wir wieder den Pfad hinan, und während
mich die Atemnot regelrecht würgt, höre ich, wie Bob
seinen Schützling einigermaßen unfein zur Eile mahnt
mit den Worten, sich gefälligst zusammenzunehmen.
Sonst bringt niemand auch nur ein einziges Wort heraus, auch der Gescholtene selbst nicht. Offenbar zittert
das traurige Kerlchen wieder heftig.

Noch eine scharfe Wegdrehung in den weißen Nebel
hinein und von unserem Wegführer keine Spur, abgesehen von den Schotterstückchen, die immer mal
wieder von weiter oben auf uns herabprasseln und
uns verraten, dass der Mann uns nicht weit voraus sein

kann. Umso mehr beeilen wir uns in erstaunlicher Eintracht, ihm unter Einsatz all unserer Kräfte nachzueilen. Während der nächsten zehn Kletterminuten etwa verziehen sich langsam Qualm und Rauch, was uns endlich bessere Atembedingungen beschert, uns im Gegenzug dazu allerdings auch besseren Sichtbedingungen für die israelischen Hubschrauber aussetzt.

Deswegen bleibt uns nichts anderes übrig, als ohne die ersehnte Pause weiter diese Felsen hinaufzujagen, wo kaum noch ein Strauch oder nennenswerter Vorsprung uns irgendwelchen Sichtschutz bieten könnte. Das muss ich wiederholt Ruth begreiflich machen, die vorgibt, am Ende ihrer Kräfte zu sein. Nicht einmal ihr sonderbares Pendant Norweger scheint sich mehr darum kümmern zu wollen. Gerade als ich anfange, ernstlich meine Geduld wegen ihres Gejammers zu verlieren, erreichen wir zu aller Erleichterung den Felsdurchgang, an dessen Eingang uns auch unser abtrünniger Guerillero erwartet, erkennbar ohne jedes Unrechtsbewusstsein.

Nach wenigen Metern lassen wir uns im Schatten hoch aufragender Felswände erschöpft nieder und husten und schnupfen uns erst noch einmal kräftig aus.

»Sie werden gleich wieder hier sein«, wendet sich der Hisbollah-Mann an Bob, womit er wohl die Hubschrauber meint. »Wir können hier nicht bleiben. Auch auf der anderen Seite gibt es keinen Sichtschutz. Da können sie uns abknallen wie die Hasen, einen nach dem anderen. Und bei solchen Zwischenfällen wie hier bleiben sie in der Regel stundenlang in der Gegend.«

Zu jedem anderen Zeitpunkt würde ich hier mit Wonne verweilen und diesen spektakulären Felsdurchgang untersuchen, dessen glatte Wände sich wie in einer Alpenklamm zig Meter über uns immer mal wieder dramatisch zusammenschließen. So mache ich voller Bedauern im Laufschritt nur ein paar flüchtige Fotos und beeile mich dabei, mit der Gruppe so gut es geht Schritt zu halten. Aller Wahrscheinlichkeit nach werde ich nie wieder an diesen landschaftlich so reizvollen Ort zurückkehren, den ich gern in beeindruckenden Fotos festgehalten hätte. Ich muss aber, so gut es geht, bei meiner Gruppe bleiben, denn nun bestimmt wieder der Freischärler unser Tempo.

Der Durchgang ist mit mindestens siebenhundert Metern länger, als ich erwartet habe, und ist demnach als Fluchtweg brauchbarer, als der Scheich uns hat glauben lassen. Da es auch Felsaufschlüsse in den Seiten gibt, könnte man möglichen Verfolgern sogar eine Weile Einhalt gebieten. Da sie meist tief genug zu sein scheinen, könnten sie möglicherweise sogar als Fluchtwege dienen. Wir folgen jedoch dem Hauptdurchgang, der einen warm besonnten Vorplatz freigibt, der breit wie eine Hotelterrasse auch als Landeplatz für einen Hubschrauber ausreichen könnte. Hier fühlen wir uns gleichsam wie auf einem Präsentierteller über einem atemberaubenden Panorama allen möglichen und unmöglichen Verfolgern schutzlos preisgegeben. Jetzt begreife ich die Nervosität unseres Wegführers, denn von beiden Ausgängen dieses Felsdurchgangs her in die Zange der Verfolger genommen, müsste jede Gegenwehr der Guerillas in Schall und Rauch ersticken, allemal, wenn solch ein Rauch auch noch chemisch angereichert wäre. Das also war der Grund für die Unruhe unseres Hisbollah-Kämpfers, der auch für uns erkennbar so schnell wie möglich von hier wegwollte. Und wir hätten keinerlei Gelegenheit gehabt, uns rechtzeitig als unverdächtige Bergtouristen auszuweisen.

Der Blick auf die weite Hügellandschaft unter uns wäre stundenlangen Verweilens wert gewesen, aber unter diesen Umständen könnte der Preis dafür zu hoch sein und uns das Leben kosten. Deshalb verschwenden wir kaum einen Blick an dieses beeindruckende, von einer niedrigen Nachmittagssonne in malvenfarbigen Blaustich getauchte Panorama, das schon Teile israelischen Grenzlandes mit einschließt. Zu unserer Rechten ist der gesamte Horizont von der gleißenden Oberfläche des Mittelmeers ausgefüllt und von keiner Himmelslinie erkennbar unterbrochen.

Der Abstieg übertrifft unsere Befürchtungen noch und gestaltet sich über verschiedene bergsteigerische Schweregrade ungleich mühevoller als der Aufstieg. Fast senkrecht geht es unter unserer Terrasse her eine kaum lesbare Fährte für Bergziegen hinunter, deren Sprünge von Büschel zu Büschel, von Stein zu Stein kaum einer von uns physisch Überforderten nachvollziehen kann.

Wir müssen in der Tat ein jammervolles Bild bieten, wie wir da mal rutschend, mal an eben noch rechtzeitig ergriffenen Büschen oder Wurzeln schwingend

Halt unter den Füßen suchen, oftmals den Abgrund vor Augen. Immer in Gefahr, auf dem rollenden Gestein auszurutschen und dann unweigerlich in die Tiefe zu stürzen, haben wir mehr als einmal genügend Gelegenheit, unseren leichtfertigen Entschluss, die Hisbollah ohne Wenn und Aber, auf Wohl und Wehe auf einer ihrer geplanten Kampfaktionen zu begleiten, aus tiefstem Herzen zu bedauern.

Hinzu kommt, dass uns jeder anfliegende Hubschrauber gnadenlos abschießen könnte. Tatsächlich sind wir auf diesem Abstiegsgelände allen Blicken sogar vom tiefen Talboden unter uns vollkommen schutzlos ausgesetzt. Und wie weit uns unser Drillich schützend in die Farben der Natur assimilieren kann, muss vom Optimismus oder Pessimismus, je nach Persönlichkeitstendenz, unserer Gefährten entschieden werden. Niemand von uns scheint sich irgendeinem Trugschluss diesbezüglich hinzugeben, denn stattdessen tut jeder sein Bestes, um so schnell wie möglich auf diesem sperrigen Terrain voranzukommen. Eine Tortur für Rücken und Glieder, die nur unser geübter Wegführer scheinbar mühelos bewältigt und deshalb auch unserer ungeteilt neidvollen Bewunderung teilhaftig wird.

In der Ferne hören wir erneut Hubschraubergeräusch. Aufgeschreckt halten wir kurz inne. Aber es scheint sich eher zu entfernen als näher zu kommen, für den Augenblick jedenfalls. Wie Gejagte verlangen wir uns physische Höchstleistungen ab und schaffen es ohne größere Zwischenfälle tiefer und tiefer den

Felshang hinunter, ungeachtet unserer inzwischen arg zerschundenen Hände und Füße.

Plötzlich finden wir uns auf einem kleinen Felsvorsprung wieder, der linkerseits aus einer Vertiefung, einer Felsspalte, herausragt, die man erst wahrnehmen kann, wenn man auf dem nur wenige Quadratmeter großen Vorsprung angekommen ist. Unser Wegführer bedeutet uns zum ersten Mal etwas freundlicher, dass wir uns, um den Nachfolgenden Platz zu machen, hinter ihm her dort hindurchzwängen müssen. Langsam bekommen wir Übung mit Höhleneingängen. Ich habe gerade noch Zeit zu bemerken, dass von unserem Podest aus rechter Hand eine gerade, zumeist wagerechte Felsrille weiter um den Felsen herumführt, ein Sims, kaum breiter als siebzig Zentimeter, das ungeachtet seiner schwindelerregenden Beschaffenheit über einem unerbittlichen Abgrund ganz unverkennbar als Saumpfad genutzt wird.

Aus dem Felseingang winkt uns eine Hand ins Innere. Ich ergreife die Hand und lasse mich hineinziehen. Dann überlässt man mich einen Augenblick lang ungläubigem Staunen. Ich befinde mich übergangslos in einer riesigen Höhle, die kaum mehr als solche zu bezeichnen ist und eher einer Fabrikhalle gleicht. Schon allein deswegen, weil aus hohen Felsspalten erstaunlich viel Tageslicht nach drinnen gelangt, das auch zu dieser Tageszeit noch völlig ausreicht, den gesamten Raum mit einfallendem Sonnenlicht auszuleuchten. Überall stehen wie Inseln Anhäufungen von Maschinenanlagen, deren Funktion mir auf Anhieb nicht ersichtlich ist, die aber jeweils umgeben sind von einer ganzen Anzahl von Hisbollah-Guerilleros, die sie in Gang zu halten scheinen. Einige von den Guerillos beobachten uns neugierig, andere wiederum scheinen zu beschäftigt zu sein, um uns zu bemerken. Dafür werden wir jetzt von unserem Scheich in Empfang genommen, der uns diesmal so herzlich begrüßt, als ob wir uns seit Ewigkeiten nicht mehr gesehen hätten. Offenbar haben wir die Feuertaufe überstanden, und in der Tat sind ausnahmslos allen von uns die Schrecken unseres Gewaltmarsches noch ins Gesicht geschrieben.

»Hoffentlich haben Sie uns nicht auf diese Route geschickt, um unseren Durchhaltewillen zu testen?«, frage ich ihn mit unterschwelliger Empörung angesichts seines eigenen pieksauberen Habitus. Er blickt mich leicht missbilligend an: »Madame, bei aller Anerkennung für Ihren Durchhaltewillen – aber den Fluchtweg, den ich benutze, kann ich wirklich niemandem preisgeben, der nicht zu unserem harten Kern gehört. Er ist im Übrigen nur kürzer, aber nicht weniger gefährlich als der, den Sie hinter sich haben, eher im Gegenteil.« Dabei lacht er so breit und freundlich wie immer. Ein erstaunlicher Mann, fürwahr!

»Ohnehin«, fährt er an Bob gerichtet fort, »hätten wir Ihren Fluchtweg nicht einmal mehr erreichen können. Vielleicht hatten Sie noch Gelegenheit, den israelischen Angriff auf unser Quartier mitzuerleben?« Die Antwort auf seine eher hypothetische Frage wartet er gar nicht mehr ab, sondern wendet sich mit allen Anzeichen plötzlicher Ungeduld einer Gruppe von

Kämpfern zu, die inzwischen hinter uns herumstehen, und fordert sie in leisem, aber unmissverständlich drängendem Ton auf, irgendeine Sache zu Ende zu führen, damit man bei Einbruch der Dunkelheit aufbrechen könne.

Minuten später gesellt sich eine etwa fünfzigjährige Frau in grünem Tarnanzug zu uns und fragt mich unter leichter Verneigung, aber ohne sich vorzustellen, für welche Medien ich hier unterwegs sei. Das schwarz-weiße Palästinensertuch, das sie um ihren Kopf und die untere Partie ihres Gesichts geschlungen hat, verbirgt nicht ihre fernöstliche Herkunft. Sie erklärt auf meine Gegenfrage nach den Gründen ihrer ungewöhnlichen Einbindung als offenbar einzige Partisanin in die erste Reihe aktionsbereiter Guerilla an einem so gefährlichen Vorposten, sie gehöre jener Gruppe von japanischen Rote-Armee-Partisanen an, die vor einigen Jahren bei einem Attentat auf dem israelischen Flughafen Lod beteiligt war.

Nach meiner Erinnerung war dieser Anschlag auf ahnungslose Fluggäste besonders heimtückisch verlaufen und hatte etliche unbeteiligte Passagiere das Leben gekostet. Später bei irgendeinem Geiselaustausch aus der israelischen Haft in den Libanon entlassen, hatten sich die japanischen Rebellen, die wegen ihres bewaffneten Widerstands gegen mir nicht mehr erinnerliche Zustände in ihrer Heimat dort zu hohen Strafen verurteilt worden waren, der libanesischen Hisbollah angeschlossen. Sie leisteten seither

abwechselnd der Palästinensischen Befreiungsorgani-
sation oder je nachdem auch der Hisbollah logistische
und praktische Hilfe bei ihren Kampfaktionen im von
Israel besetzten südlichen Grenzland des Libanon.

Dass sie schließlich ihren Einsatz als potenzielles Ka-
nonenfutter so willig akzeptieren, kann nicht verwun-
dern angesichts der Tatsache, dass ihnen als Alternative
schlechthin nur die Wahl bleibt, für immer in israelischen
oder eben japanischen Gefängnissen zu verschwinden.
So ziehen sie es offenbar vor, die Wertschätzung und die
Schutzbereitschaft ihrer Gastgeber immer wieder neu
zu motivieren, indem sie ihre Unverzichtbarkeit bei fin-
digen und mutigen Aktionen unter Beweis stellen und
sich damit ihre Existenzberechtigung in deren Reihen
immer wieder neu erwerben. Dabei hängt immer auch
das Damoklesschwert libanesischer Servilität gegenüber
immer neu vorgebrachten japanischen Auslieferungs-
begehren über ihnen, denn die könnten ,abhängig von
dem Umfang japanischer Entwicklungshilfe für die immer durstige Oligarchie des Libanon, irgendwann eine
zwangsweise Rückführung dieses beinharten Trüpp-
chens nach Japan unvermeidlich machen.
 Als ich einwerfe, dass ein Leben in Gefangenschaft
vielleicht doch einem Leben in dauernder Gefahr und
Gewalttätigkeit vorzuziehen wäre, besteht die Japanerin vehement auf ihrem Standpunkt, dass Kampf
gegen jede Form von Unterdrückung eine legitime Da-
seinsform sei. Aber der häufige Gebrauch des Begriffs
Freiheit kommt natürlich auch in ihrer Argumentation

vor und provoziert nun Bobs trockenen Kommentar, dass der doch ein inzwischen ziemlich überstrapazierter Begriff geworden sei, über dessen Inhalt man sich allgemein kaum noch Sorgen zu machen scheint, solange das Schlagwort stimmt.

Ruth, die inzwischen zu uns gestoßen ist, während der Norweger sich mit dem Mechanismus einer Kalaschnikow beschäftigt, beginnt jetzt auch noch, quengelig vor Ermüdung, eine Diskussion über die Legitimität von Gewalt und Gegengewalt. Diese gehorcht schließlich der gleichen Motorik und damit nur ihrem eigenen Momentum. Zwangsläufig müsse in der Konsequenz jegliche wie auch immer hochherzige Motivation zur Gewaltanwendung zweitrangig bleiben und würde in der Folge ohnehin immer ad absurdum geführt. »Der Tod so vieler zumeist junger Menschen, seien es Täter oder Opfer, ist weder ethisch noch moralisch noch überhaupt menschlich zu rechtfertigen, auch nicht mit dem vermeintlichen Nutzen solcher Gewaltaktionen.«
Es scheint fast, als wolle sie mit dem Fuß aufstampfen zur Bekräftigung ihrer Grundsatzerklärung. »Und dass sich solches immer noch ohne jede Vernunft auf eben diesem Boden abspielt« – und nun wird Ruth Opfer ihres eigenen Pathos –, »über den Jesus geschritten ist, um die Botschaft der Nächstenliebe unter die zerstrittene Menschheit zu tragen.« Ihre Stimme zittert, sie bricht ab. Dafür wirft ein kleines Brillantkreuz an ihrem Hals fortsetzend bekräftigende Lichtblitze.

Das Kreuz und der Halbmond – hier fügen sie sich zusammen in ironischer Symbiose. Unwillkürlich muss ich daran denken, dass sich hier zwei Religionen über Jahrhunderte hinweg in einem intoleranten und glaubensstarren Gegeneinander befinden, die in diesen Regionen ihren gemeinsamen Ursprung haben.

Scheich N. hat sich aus der Unterhaltung mit seinen Kämpfern verabschiedet und kommt auf uns zu. »Madame«, er lächelt breit in meine Richtung und offenbart dabei zwei Reihen perlweißer ebenmäßiger Zähne hinter seinem imposanten schwarzen Vollbart, »Sie können sich entscheiden: Entweder schließen Sie sich der Gruppe an, die einen SLA-Stützpunkt circa acht Kilometer östlich von hier bei Bir Kallab im Wadi Zahrani unter Feuer nehmen wird, dann müssen Sie sich ab sofort zum Abmarsch bereithalten. Der Geländemarsch dorthin wird, wenn alles so weit ruhig bleibt, ungefähr zweieinhalb Stunden in Anspruch nehmen. Obwohl der Weg zurück möglicherweise schwieriger werden könnte, ist die Sache aller Wahrscheinlichkeit nach weniger gefährlich als die zweite Alternative. Bei dieser handelt es sich um eine große Aktion, derentwillen wir Herrn Bob A. eigentlich auch hergebeten haben: ein Angriff unserer Kamikaze-Einheit unter breiter Hisbollah-Bedeckung auf den israelisch besetzten Stützpunkt Beaufort.« Dabei macht er eine Kopfbewegung zu unserer Japanerin hin, die also offenbar auch zu dieser Aktion abkommandiert ist.

Beaufort ist die gewaltige Ruine einer Kreuzritterburg. Deren ausladendes Bollwerk auf dem Gipfel eines spitzkegeligen Hügels unweit der israelischen Grenze hat in den rund 900 Jahren ihrer Existenz wechselnden Kriegsherren als fast uneinnehmbares Refugium gedient und als Ausgangspunkt für zahlreiche epochale Eroberungszüge. In meiner Erinnerung handelt es sich dabei um ein ungeheures, düsteres Bauwerk aus riesigen Quadersteinen hoch über einem wunderschönen Tal und dessen oasenschöner Uferbewachsung in einer seinerzeit zartfarbenen Frühlingslandschaft, inmitten derer ich mit einer Gruppe von Bekannten vor langer Zeit einmal an einem idyllischen Picknick teilgenommen habe.

Es ist mir sofort klar, dass ich mich am liebsten dieser Aktion anschließen würde, aber die Voraussetzung dafür ist natürlich, dass auch Bob ihr den Vorzug gibt. Ruth hat schon bei der Kamikaze-Attributierung eine Gänsehaut bekommen nach eigener Aussage und entscheidet sich spontan für die erste Option.

Der Scheich versichert ihr mit offenkundig unterdrücktem Lächeln, sie könne auch hier im Bunker auf unsere Rückkehr warten, ohne allerdings die geringste Erwartung von besonderem Komfort damit zu verbinden. Dabei blickt er mit kaum verhohlenem Misstrauen zum Norweger hin, der sich uns nähert und sofort von Ruth vereinnahmt wird zu der Frage, an welcher Aktion er sich bevorzugt beteiligen wolle. Zu meinem Erstaunen entscheidet sich auch der Norweger für die unspektakuläre Attacke auf den SLA-Stützpunkt, und zwar mit dem nachvollziehbaren Argument, dass er diese Aktion jederzeit und problemlos abbrechen könne, wenn es ihm unterwegs zu gefährlich würde: »Wir gehen dann immer in Richtung Küste«, sagt er und nimmt Ruth beruhigend in den Arm, »da gehen wir schon nicht verloren.« Sein leichtes Lächeln wirkt irgendwie vorgegeben mutig.

Mir fällt auf, dass auch der Scheich ihn einen Augenblick lang wie gedankenverloren betrachtet, und mir scheint, als sei er ihm gegenüber besonders auf der Hut. Das bestätigt sich kurz darauf, als er mich zur Seite winkt und mich in einiger Entfernung von den beiden anderen leise fragt, was denn diesen Norweger in unsere Gruppe verschlagen habe.

»Ich kenne eigentlich nur seine Begleiterin«, sage ich achselzuckend. »Sie führt seit Jahren europäische Journalisten im Libanon herum. Hingegen ist der Norweger meinem Gefühl nach eher ein exzentrischer als mutiger Tourist, wie mir scheint. Er soll Schiffe besitzen.«

Der Scheich belässt es dabei und fragt mich dann, ob ich wüsste, worauf ich mich einließe bei dieser Beaufort-Aktion. »Wir möchten Sie nicht verschrecken, Madame, wir brauchen Leute wie Sie.«

Lächelnd gebe ich zurück: »Ich bin erstaunt, dass Sie trotz Ihres anderen Frauenbildes doch einige Frauen unter Ihren Kämpfern haben.«

Der Scheich lacht auf und beweist dabei richtig Charme. »Die Japaner sind trainierte Stadtguerilla. Da ist es gleich, ob Frau oder Mann. Sie waren lange in israelischen Gefängnissen und kamen in einem Gefangenenaustausch frei. Aber es ist nicht nur Dankbarkeit, die sie sich uns anschließen lässt. Ihr Überlebenstraining befähigt sie jedenfalls zu härtesten Kampfaktionen, und die morgen früh für Beaufort geplante gehört in diese Kategorie.«

Schon wird er wieder ernst. »Ihr norwegischer Begleiter hat im Grunde Recht mit seiner Abkoppelungsstrategie, und das wundert mich eigentlich im Grunde auch«, sagt er nachdenklich zwischen den Zähnen hindurch. Im gleichen Moment blickt er mich durchdringend an, als erinnere er sich daran, dass ich ja nicht unbedingt zu seinen Vertrauten gehöre, und lädt mich, einen Atemzug später, vielleicht nur, um das Thema zu wechseln, zu einer Tasse Kaffee in einen abgetrennten Nebenraum ein.

Hier befindet sich ein bazarartiges Kampfkleidungs- und Waffenlager. Während er sich selbst gelenkig auf einem Stapel Decken niederlässt, muss ich, um ihm gegenübersitzen zu können, auf einer Kiste Platz nehmen, über deren Inhalt ich mich keinem Zweifel hinzugeben brauche.

Meine geheimen Vorbehalte bezüglich der Beschaffenheit meines Sitzplatzes behalte ich vorsorglich für mich. Andererseits erinnere ich mich in diesem Zusammenhang an den Tag meines Interviews mit dem geistlichen Führer der Schiitenmiliz, dem Imam M. S., kurz vor Ausbruch des libanesischen Bürgerkriegs, der mir nicht zuletzt durch seine charismatische Erscheinung unter einem gewaltigen schwarzen Turban großen Respekt eingeflößt hat.

Ich nutze die Gelegenheit und werfe sogleich das Stichwort in den Raum: »Das letzte Mal« – und ich versuche, dabei leicht fatalistisch schwermütig zu wirken –, »als ich auf so einer Kiste saß, war das im Bekaa-Tal in dem Trainingslager von seiner Heiligkeit M. S.« Alles blickt elektrisiert zu mir hin.

»Ich interviewte ihn damals genau wenige Stunden, bevor viele seiner Kämpfer in die Luft geflogen sind. Und zwar weil einige dieser Waffenkisten explodiert waren, auf denen wir während des Interviews gesessen hatten. Er sprach damals vor allem über die Lauterkeit seiner politischen Ambitionen, die ausschließlich der Bewahrung des Friedens im Land gelten würden.«

Dann halte ich inne, um meinen Worten die nötige Wirkung zu lassen, obwohl ich mich dabei nicht ganz wohl fühle. Tatsächlich war die Sache zur Hälfte gelogen. In Wahrheit hatte das Unglück etliche Wochen nach meinem Interview stattgefunden.

Mit einiger Genugtuung vermerke ich, dass ich meine arabischen Zuhörer mit meinen Schilderungen tief beeindruckt habe, obwohl sie sich bemühen, weder Spannung noch Erstaunen irgendwie zu erkennen zu geben. Lediglich die plötzliche Starre in ihrer Haltung, vergleichbar einem gewissen Lauern, das sich auch im Blick verstärkt wiederfindet, verrät ihr wachsendes Interesse.

Als der Scheich gerade ansetzt, mir zu antworten, kommen vier oder fünf Bewaffnete herein und verlangen seine volle Aufmerksamkeit. Ausgerechnet die Kiste, auf der ich sitze, wird nun gebraucht, und dummerweise kommt mein Aufstehen auch einer momentanen Verabschiedung gleich.

Meine Reisegefährten haben sich draußen wieder zusammengefunden, und Bob empfängt mich mit patronisierendem Kopfschütteln, auf das ich in der Regel sofort allergisch reagiere. »Ihr seid doch alle gleich, ihr Ausländer. Kleine Alleingänge zur Sicherung der Exklusivität, wie?«

Ich ziehe es vor, diesmal mit einer Geste gutmütiger Resignation solchen nicht ungewöhnlichen Vorwürfen der Berufskonkurrenz die Schärfe zu nehmen, ausnahmsweise.

»Ein Tässchen Kaffee in Ehren«, spöttle ich ihn an und nehme zugleich wahr, dass ich selbigen gar nicht bekommen habe. »Ich habe den Eindruck, die Jungs besprechen da drinnen Kampfstrategien. Dabei habe ich sie höflich allein gelassen. Schließlich sollen sie nicht den Eindruck haben, ich sei hier als Spitzel unterwegs.«

Bob wirft mir einen zweifelnden, jedoch auch amüsierten Blick zu, sagt aber nichts weiter.

Der Scheich kürzt unseren kleine Disput in diesem Moment eh ab, als er mit seinen Commandern erscheint und uns zu sich winkt.

Seinen Anweisungen zufolge soll die Kampfgruppe mit Ziel SLA-Stützpunkt im Wadi Zahrani in wenigen Minuten abmarschbereit sein. Der Norweger und Ruth werden umgehend mit Hisbollah-Drillich versorgt und müssen sich Gesicht und Hände schwarz eincremen. Ein Proviantbeutel gehört mit zur Ausrüstung, falls sich die Rückkehr aus nicht voraussehbaren Gründen verzögert.

Ruth deutet verschreckt auf den endlos um den Leib geschlungenen Patronengürtel eines martialisch aussehenden Guerillero, der den untersetzten Mann fast verdeckt, und fragt mit schriekender Stimme, ob sie nun auch bewaffnet würde. »Gewiss, meine Liebe«, antworte ich ihr ironisch. Der Norweger muss offenbar unwillkürlich lachen angesichts ihres darauffolgenden entgeisterten Blicks aus einem schwarz verschmierten Gesicht. Dabei fällt mir auf, dass er offenbar Deutsch versteht, was mir vielleicht nicht ganz zufällig bis zu diesem Zeitpunkt verborgen geblieben ist.

Knapp zehn Minuten später ist die erste Kampftruppe abmarschbereit – eine Handvoll bis an die Zähne bewaffneter Krieger mit schwarz glänzenden Gesichtern, dazwischen ein unkenntlicher Norweger mit seinem Proviantbeutel vor dem Bauch und ansonsten nur durch seine Körpergröße auszumachen. Dicht neben ihm, als wolle sie sich an ihm festhalten, Ruth mit dicken schwarzen Strichen über Nase und Stirn. Es ist ihr anzusehen, dass sie jeden Augenblick der Mut verlassen könnte.

Einer nach dem anderen klettern sie aus dem Felsspalt ins Dunkel der schon eingebrochenen Nacht, ähnlich wie Fallschirmspringer bei dem Sprung durch die Luke ihres Flugzeugs. Draußen höre ich noch einmal Ruths verschreckten Aufschrei, offenbar angesichts der bevorstehenden Kletterpartie den schmalen

Saumpfad entlang, der diesmal nach links unter überhängenden Felsstürzen den Berg hinunterführt. Keine
sonderlich verlockende Vorstellung, die mich ziemlich
beunruhigt, denn in wenigen Stunden werde auch ich
mich dort hinabtasten müssen.

Auch Bob, der hinter mir gestanden hat, scheint
diese Aussicht zu beschäftigen, denn eher wie zur
eigenen Beruhigung bemerkt er zu mir hin, dass zum
Zeitpunkt unseres Abstiegs der Mond eigentlich auf
voller Höhe stehen müsste, was die uns bevorstehende
Kletterpartie deutlich begünstigen würde.

Mein Problem ist nur, dass ich plötzlich eine bleierne
Müdigkeit in mir verspüre, die mich buchstäblich nie-
derringt, und, um mit Shakespeare zu sprechen, »ein
Königreich« geben würde für eine wie immer geartete
Schlafmöglichkeit. Dafür würde ich jetzt mit Freuden
die abenteuerlichsten Zugeständnisse machen.

Der Redaktionssekretär nimmt es mir ab, mich diesbezüglich mitzuteilen, als er Bob klarzumachen versucht, dass er es im Grunde vorziehen würde, hier-
zubleiben, weil er auf der Stelle einschlafen könnte.
Bobs Miene spricht Bände, und der dünne kleine
Kerl verstummt noch vor Beendigung seiner Litanei.
»Schlappmachen kannst du vor Beaufort!«, zischt Bob
ihn an. »Was hast du denn gedacht, Mann? Schließlich
sind wir nicht auf die Malediven gefahren!«

Diese Assoziation löst bei mir einen solchen Heiter-
keitsdrang aus, dass ich prustend loslache. Die Situation erscheint mir einfach zu komisch. Hier der zitternde Sekretär, dort der drohend blickende Zeus des

»Orient Observers«, um uns herum die martialische Höhlenszene, die strengen Gotteskämpfer vor der dunklen Sprungluke in der Felswand und dann ausgerechnet der Südseetraum Malediven, sozusagen als Rahmenvorstellung.

Alle Umstehenden starren verwundert zu mir herüber, durchaus missbilligend. Immerhin geht es hier um den davidischen Einsatz ihres Lebens angesichts der todbringenden Wehrbereitschaft des feindlichen Goliath, und da ist Ernst die erste Teilnahmebedingung. Niemand vermag meine Heiterkeit zu teilen. Im Gegenteil, sie wird wahrscheinlich zu Recht als Taktlosigkeit empfunden. Vermutlich werde ich jetzt als gesinnungsmäßig unzuverlässig eingestuft. Bei diesem Gedanken erlischt meine Heiterkeit abrupt. Immerhin hat mein Gelächter zwar nicht meine Ängste vertrieben vor dem, was auf uns zukommen mag, aber doch meine innere Anspannung durch eine gewisse Relativierung des aktuellen Geschehens etwas gelöst.

Meine Antennen bleiben in diesem Ambiente nunmehr hochsensibel geschaltet. Und während die Männer sich mit dem Scheich zusammen über etliche Wegekarten beugen, um unsere Marschroute festzulegen, suche ich mir eine Bundesgenossin in der Person der Japanerin, die ohnehin mit einem Tablett voller Teegläser erscheint und mich zu sich auf einen Stapel Decken winkt.

Bevor ich sie erreiche, flimmert das Licht und geht dann ganz aus. Sofort erhellen Neonstablampen die

Halle mit ihrem trostlosen bläulichen Ersatzlicht, und die Japanerin, die meine Unruhe bemerkt, beruhigt mich mit der Erklärung, dass der Generator, der das Licht in unserem Unterschlupf erzeugt, aus Gründen der Geräuschreduktion nicht schwankungsfrei sei.

Der Scheich gesellt sich zu uns, gefolgt von Bob und seinem Assistenten, und verteilt die Teegläser, während er Anstalten macht, mich mit einzubeziehen in die Planungsbesprechung.

»Unseren Plan haben wir den Israelis abgeguckt.« Er lächelt verhalten. »Deswegen bin ich ziemlich sicher, dass er auch gelingt. Er basiert auf dem Prinzip des Trojanischen Pferdes, das werden Sie ja kennen«, und auf meine erstaunte Reaktion hin feixt er mich fast kumpelhaft an: »Sie werden es schon merken, wenn es so weit ist. Auf jeden Fall werden Sie eine aktive Rolle haben bei der Attacke auf Beaufort, wir brauchen Sie als Statisten.«

»Aktive Rolle?« Ein heftiger Schreck durchfährt mich sogleich. »Oh Gott, Sie haben wohl nicht vor, uns im Bauch einer Attrappe ins feindliche Lager hineinzuschmuggeln?«, frage ich zurück, und es gelingt mir nicht einmal ansatzweise, meinen Vorbehalt mit Ironie zu neutralisieren. Mir schwant nichts Gutes.

Bob legt seinen Arm fest um meine Schulter, als wolle er mich an weiterem Einspruch hindern, und meint beschwichtigend: »Aber Fahrrad fahren kannst du doch?«

Der Plan unserer Involvierung ist dann in der Tat so

raffiniert wie gefährlich, widerspricht aber vor allem diametral meinen berufsethischen Grundsätzen, nämlich bei all meinen Reportagen in Krisengebieten immer auf dem Neutralitätsprinzip zu bestehen, es sei denn, dass eine unverzichtbare humanitäre Beteiligung dieses Prinzip außer Kraft setzen würde.

Mitgefangen ist mitgehangen, geht es mir durch den Kopf. Für Ausbruchspläne ist es allemal zu spät. Offenbar hat meine Begeisterung über eine mögliche sensationelle Berichterstattung mich jede Vorsicht und den letzten Fetzen regulären Verstandes vergessen lassen. Und jetzt ist mir richtiggehend übel vor Angst und schlechtem Gewissen.

Dennoch hänge ich keine zehn Minuten später angstvoll zwischen Himmel und Erde, als unsere Gruppe den Pfad in der Felsrille um unseren Felsen herum im Mondenschein ertasten muss, um wohl oder übel in die Tiefe zu gelangen. Meine Tasche habe ich zurücklassen müssen, dafür hat man mir zwei flache Rucksäcke übergeschnallt, die bei der Kletterei nicht hinderlich sein würden. Wir hatten uns nicht schwarz bemalen müssen, wofür ich dankbar bin. Allerdings hat man mir halbhohe Turnschuhe verordnet, weil meine Straßenschuhe bei unserer Mission vollkommen deplatziert gewesen wären. Meine kleine Spezialkamera trage ich in einem Brustbeutel sicher am Körper.

Die bergsteigerische Bewältigung unserer Pfadrille war fünf- oder sechshundert Meter lang ein durch die Dunkelheit noch gesteigertes Himmelfahrtsunternehmen, wie ich noch keines erlebt habe in meinem ganzen Leben. Während ich zunehmend am ganzen Körper zu zittern beginne, verkrampfe ich mich bei meinen wahllosen Halteversuchen an Wurzeln und instabilen Felskanten, die unter meinem verzweifelten Griff immer wieder zerbröseln. Dabei werde ich immer langsamer und halte die Kämpfer auf, die nach mir kommen und offenbar diese Todesstrecke auch schlafwandelnd überwinden können. Der überhängende Fels verdunkelt unsere Pfadrille derart, dass wir sie nur umrissartig wahrnehmen können, während das Mondlicht den Abgrund unter uns, dem mich das Geröll unter meinen Füßen immer wieder gefährlich nahe zurollen lässt, bis ins Detail erhellt.

Nur dem Druck der Nachfolgenden ist es zu danken, dass ich mich ohne innezuhalten und fast blind durch die Lichtunterschiede weiter und weiter durch die Felsrille taste, rutsche, krampfhaft hier und da Halt findend, und dann wieder in Todesangst manchmal fast verzweifeln möchte, wenn noch mal eine Wurzel sich aus dem Geröll löst, an der ich eben mein Leben festmachen wollte. Was würde ich darum gegeben, wenn ich mich doch nur an die Hisbollah-Kämpfer vor mir oder hinter mir klammern könnte! Aber diese martialischen Gestalten lassen einen solchen Gedanken gar nicht erst zu. Sie dürfen mich nicht einmal berühren, und das Gleiche gilt umgekehrt auch für mich. Ich überlege mir allen Ernstes, ob ein Schrei sie dazu bringen würde, mich kurz vor dem Absturz noch aufzufangen. Und resigniere in der Gewissheit, dass ein solcher Versuch aller Wahrscheinlichkeit nach mein

Leben kosten würde, weil genau die Reaktionsunsicherheit der Hisbollah eine Schrecksekunde zu viel ausmachen würde, um meinen Fall noch aufzuhalten. Die Angst steigert offenbar meine Fähigkeit, die Situation blitzschnell und glasklar einzuschätzen, eine Erkenntnis, die mich bei meinem vermeintlichen Todeskampf durch die Felsrille tatsächlich ein bisschen aufbaut. Erst als ich wieder festen Boden unter meinen Füßen spüre, als die Felskante vor dem Abgrund sich verbreitert und sich in niederem Buschwerk verliert, als auch meine Begleiter ihre Sprache wiederfinden, denke ich daran, wie wohl Ruth diese Strecke bewältigt haben mochte. Und was der Lohn sein würde für unsere Angst.

Durch eine vom Mondlicht mild beleuchtete felsbewürfelte Landschaft gelangen wir ins Tal, wobei wir darauf achten müssen, keine Pfadspuren zu hinterlassen. Bob bemüht sich ausnahmsweise einmal rührend um den kleinen Redaktionssekretär, den die Todesstrecke durch die Felsrille offensichtlich noch mehr geschockt hat als mich, vor allem weil er dabei auch noch seine Brille verloren hat. Es gibt eben immer noch eine Steigerung für Schrecken. Und auch ich habe noch lange nicht mein inneres Zittern verloren.

Zwei Männer in der gelben Uniform der libanesischen Straßenbaubehörde beginnen mit der Entladung von Mountainbikes, sobald sie unser Näherkommen bemerken. Sie begrüßen uns mit der uralten islamischen

Willkommensformel Salam aleikum, Heil sei mit euch, und wir antworten mit ihrer Umkehrung Aleikum salam, auch euch sei Heil. In abgeblendetem Tonfall gibt es eine kurze Unterhaltung zwischen unseren Kämpfern und den Fahrern des Lieferwagens, dann steigen wir alle auf die uns zugeteilten Fahrräder und beeilen uns, damit zurechtzukommen, um in der Gruppe mitzuhalten, die sich ohne weitere Unterbrechung auf den Weg gemacht hat. Als seit Kindheit geübte Radfahrerin macht mir dieser Teil unserer Strecke zunächst richtig Spaß, und der leichte Fahrtwind erzeugt zugleich eine ebenso erfrischende wie erfreuliche Befreiung von meinen kürzlichen Schrecken. Dabei geht mir durch den Kopf, welchen Preis ich hier werde zahlen müssen für mein Gefährt; das würde sich noch herausstellen, im Guten oder im Bösen. Denn allein schon diese Fahrradnummer geht über die Grenze objektiver Berichterstattung hinaus. Auch Chief Pollner dürfte mit meiner allzu aktiven, wenngleich unfreiwilligen Involvierung hier seine Schwierigkeiten haben. Und bei diesen Gedanken verspüre ich schon wieder dieses innere Zittern.

Über Stock und Stein, unter kunstvoller Umgehung wahrhaft kraterähnlicher Schlaglöcher, gelangen wir schnell durch das etwa zehn Kilometer weite Tal bis zu einer langsam aufsteigenden, baumarmen Hügellandschaft, in deren Schatten sich kleine dorfähnliche Ansammlungen von zumeist halbfertigen Betongebäuden schmiegen. Eine davon war unser erstes Etappenziel.

Durch den Garten eines solchen Gebäudes gelangen wir an eine bogenartige Tür, hinter der eine tief verschleierte Frau uns mit einer hastigen Gebärde ins Innere winkt. Durch einen engen dunklen Flur, in dem uns der Geruch von Kümmeleintopf fast den Atem nimmt, führt sie uns in einen viereckigen Raum, dessen Boden mit schmuddeligen Matratzen ausgelegt ist, auf denen wir Platz nehmen sollen, nachdem wir unsere Schuhe abgelegt haben. Eine nackte Glühbirne beleuchtet trüb von der Zimmerdecke herab unsere mehr oder weniger mühevollen Anstrengungen, ihrer Aufforderung nachzukommen.

Für die Guerilleros jedenfalls ist das Aufbinden und Ablegen ihrer wadenhohen Schnürstiefel mit einer beachtlichen Zeitaufwendung verbunden. Dann werden sie einer nach dem anderen in einen Waschraum gebeten, wo sie die rituellen Gebetswaschungen vornehmen können, nachdem ein Barbier ihnen die zumeist eindrucksvollen Bärte abrasiert hat, damit sie während der Vorbereitungsphase der Kampfhandlungen nicht weithin als Hisbollah-Kämpfer identifizierbar sind. Dies nimmt gut eineinhalb Stunden in Anspruch, die zumindest ich sehr gut brauchen kann, um mich vor allem von den Ängsten unserer Klettertour zu erholen.

Als Lohn für unsere Mühen bekommen wir alle ein irdenes Schüsselchen gereicht, in dem sich dieser dampfende Kümmelbrei befindet, eigentlich ein Linsengericht, wie sich herausstellt, das gar nicht mal übel schmeckt, wenn man sich erst einmal an die übermäßige Beimischung von Kümmel gewöhnt hat. Danach bringt die immer noch Verschleierte, von den Kämpfern ehrerbietig als Umm Abdallah angesprochen, ein großes rundes Aluminiumblech herein mit noch heißen, gebackenen Thymianbroten, wie sie in dieser Gegend allgemein zum Frühstück gehören. Sie reicht einem jeden von uns ein solches Brot, nachdem sie es aus einem Kännchen mit etwas Olivenöl besprengt und dann in ein glattes weißes Papier eingeschlagen hat. Wir drei Zivilisationsopfer, Bob, sein Redaktionssekretär und ich selbst, verstauen unseren Anteil in jeweils einem der umgehängten Rucksäcke als Proviant für später. Die kämpfende Truppe hingegen verzehrt bedächtig und einigermaßen wortkarg auch noch das Brot, solange es heiß ist. Ihre neuerdings haarlosen Kinnbacken zeigen eine durchweg hellere Gesichtsfarbe, aber ich behalte meine Zweifel für mich bezüglich ihrer beabsichtigten Täuschungsmöglichkeiten.

Inzwischen hat sich uns ein Mullah zugesellt, ein älterer Mann, dessen ungeheurer schwarzer Turban über seinen prominent abstehenden Ohren in Schieflage geraten ist und an einer Seite dichtes weißes Haupthaar freigibt. Er hat uns bei seinem Eintritt beschwichtigend signalisiert, wir sollen unbedingt sitzen bleiben, während er eine Reihe islamischer Begrüßungsformeln an uns richtet, die von allen, teilweise mit vollem Mund, in ähnlicher Weise beantwortet werden. Dann setzt er sich in unserer Mitte nieder, nachdem er sich zu mir hin, die Hand aufs Herz gelegt, gesondert verneigt hat. Umm Abdallah reicht auch ihm die gleiche Frühstücksration, über die er sich ebenso hungrig hermacht wie seine Kämpfer vor ihm. Dabei flüstert sie ihm etwas zu, mit einer Kopfbewegung zu mir hin. Der Mullah wendet sich daraufhin zu mir um und erklärt mir in verblüffend akzentfreiem English, Umm Abdallah entschuldige sich, dass ich mit den Männern in einem Raum sitzen müsse, da sie mir keinen zweiten Raum anbieten könne. Ich gestikuliere Vergebung, indem ich in gespielter Resignation unter hochgezogenen Brauen kurz die Augen schließe. Der Mullah unterrichtet Umm Abdallah im gleichen Atemzug, dass noch eine weitere Ausländerin, eben unsere Japanerin, zu uns stoßen werde, und zwar mit dem Munitionstransport und zwölf weiteren Kämpfern.

»Inschallah!«, ruft Umm Abdallah wiederholt aus, bevor sie das Zimmer wieder verlässt.

Der Mullah mit einem ellenlangen Namen aus lauter A-, B-, L- und I-Buchstaben, die ich nie wieder in der richtigen Reihenfolge zusammenbringen werde, produziert nun etliche recht große Handfahnen in intensiven Rot-, Grün- und Gelbtönen mit dem kalligrafischen Emblem der Hisbollah, der Partei Gottes.

Außer den Handfahnen hat der Geistliche auch noch eine Reihe schwarzer Stirnbänder buchstäblich im Ärmel seiner schweren Ziegenhaar-Abaya. Diese zieht er nun hervor und legt sie zu den Fahnen vor sich auf die Matratze.

Unvermittelt beginnt er mit näselnder Stimme eine Art Segnungszeremonie, ähnlich der, mit der der

Muezzin fünfmal am Tage die Gläubigen vom Turm der Moschee herab zum Gebet ruft. Einer nach dem anderen bewegen sich die Kämpfer auf die Fahnen zu, berühren sie mit der Stirn, indem sie sich darauf niederbeugen, und richten sich wieder auf, um die Hand des Geistlichen zu küssen und dann an ihre Stirn und an ihr Herz zu drücken. Jedem Einzelnen legt der Mullah daraufhin das Stirnband an und knüpft es eigenhändig fest. Ich blicke auffordernd zu Bob hinüber, aber er hat sein Pokergesicht aufgesetzt und blickt desinteressiert durch mich hindurch. Es besteht auch kein Anlass für Späße.

Gleich darauf hören wir Motorgeräusche und das Zuschlagen von Autotüren und verlassen den kleinen Raum wieder, um die Neuankömmlinge zu empfangen. Draußen ist schon die Dämmerung eingetreten, von ersten vereinzelten Vogelstimmen begleitet. Indessen hängt der Mond noch in voller Größe über den Hügeln, als wolle er sich von der Landschaft nicht trennen. Die Japanerin begrüßt mich knapp und gesellt sich sofort zu ihrer Gruppe. Sie wird nun genau wie wir zuvor von dem Mullah und von Umm Abdallah in Empfang genommen und bewirtet, während wir anderen im Schatten des Gartens auf sie warten.

Ich kann es nicht lassen und frage spöttisch Bob, der wie die anderen noch mit dem Wiederanlegen seiner Schuhe beschäftigt ist, wieso er sich angesichts drohender Gefahren nicht auch vom Mullah hat einsegnen lassen.

»Dir wird das Lachen schon bald vergehen«, verweist er mich in seiner müden Art. »In weniger als einer Stunde fliegt uns das Fell wahrscheinlich schon in Fetzen um die Ohren.«

»Vergiss nicht«, flüstere ich leise zurück, »dass ich meine Kamera dabeihabe. Du mit Stirnband. So ein Foto wäre schon ganz schön was wert gewesen. Rasiert warst du ja leider schon.«

Da meldet sich plötzlich George aus Bobs Schatten, indem er zu meiner Verblüffung ausgerechnet mir sekundiert. »Und stell dir doch mal die Freude deiner Familie vor, wenn sie deine Leiche empfangen müssen, ausgewiesen als Märtyrer mit Fahne und Stirnband für die Sache der Hisbollah!« Schon verstummt er wieder, wie erschrocken über seinen Vorwitz.

Bob verkneift es sich, sein Erstaunen über Georges plötzlichen Mut allzu sehr zu zeigen, und gibt ihm statt dessen zurück: »Ohne Brille, mein lieber Freund, hättest gerade du das Stirnband anlegen sollen. Du brauchst jetzt jeden Schutz, den du kriegen kannst.«

Ich kann in der Dunkelheit Georges Reaktion nicht beobachten, aber es tut mir leid, dass ich wieder einmal meinen notorischen Unernst nicht zügeln konnte.

Schon kommt unsere Nachhut wieder aus dem Gebäude heraus, auch sie nun stolze Stirnbandträger und sauber rasiert wie ihre Vorgänger. Ihr Anführer erklärt uns in kurzen Zügen den geplanten Ablauf der Kampfaktion. Soweit ich es richtig verstehe, geht es dabei um Folgendes: Einige von uns, darunter Bob, George und ich, werden auf unseren Bikes dem inzwischen mit Sprengstoff gefüllten Kombi folgen, ganz so, als seien wir alle auf einem gemeinsamen Trekkingtripp. Gleichzeitig sollen Guerillos Position beziehen auf umliegenden Bergrücken und bei unserem Näherkommen die Außenstellung der Festung Beaufort von allen Seiten unter Feuer nehmen. In dem Kugelhagel sollen wir auf unseren Rädern verständlicherweise zurückbleiben, während der Fahrer des Kombi bis an den Außenposten der Festung weiterfahren und dort um vermeintlichen Schutz vor der Hisbollah bitten wird. Nach dem Abstellen des Kombifahrzeugs innerhalb des Postengebiets soll er sofort versuchen, sich wieder aus der Stacheldrahtumzäunung herauszuretten, weil die Guerillos von ihren umliegenden Stellungen aus das abgestellte Fahrzeug nach wenigen Augenblicken in Brand schießen und damit zur Explosion bringen würden.

In der allgemeinen Verwirrung sollte eine weitere Kampftruppe der Guerillos den Außenposten der Burg erklimmen, alles niedermachen, die Fahnen hissen, etliche Gebäude in die Luft jagen und dann möglichst schnell wieder den Berg hinunter zu den vorher in einem Feld verborgenen Fahrrädern gelangen, bevor noch die israelische Luftwaffe Zeit zu reagieren hätte. Alles Weitere, vor allem die Bewältigung der Flucht insgesamt, läge dann in unserem persönlichen Ermessen. Einen Sammeltreffpunkt dürfe es aus Sicherheitsgründen nicht geben. Die Hisbollah sei jedoch zu jedem Zeitpunkt über unseren Verbleib informiert und würde uns zu finden wissen, wenn dies opportun sei.

»Also, wenn das normalerweise der Preis ist für journalistische Frontberichte in diesen Regionen«, beschwere ich mich bei Bob, »dann wundert es mich nicht, dass wir so selten welche zu sehen kriegen. Vor allem dieser ungeordnete Rückzug, so eine Art letzter Befehl nach dem Motto: Rette sich, wer kann. Erst rekrutieren die Brüder uns mehr oder weniger zwangsweise und dann überlassen sie uns der Vorsehung. Und erwarten hinterher eine wohlwollende Berichterstattung. Gefälligst! Das ist Fatalismus in seiner wahrhaft schönsten Form.«

Bob scheint leicht zu frieren in der feuchten Morgenluft, denn er schüttelt sich und übt Laufschritt im Stand, hat dabei aber immer noch Luft genug, um mir mal richtig die Meinung zu sagen. »Ihr westlichen Westentaschenjournalisten seid irgendwie falsch gepolt. Ihr seid allzu sanft gebettet auf den Ruhekissen eures Systems. Ihr lobt euch über den Klee in eigener Sache, und euer schläfriges Publikum macht höchstens mal die Augen auf, um mitzujubeln. Dann kommt ihr hier herunter, erlebt die Realität, über die ihr zum eigenen Ruhme auch berichten wollt, aber dann gefällt sie euch nicht und ihr jammert los. Beklagt euch über unsere Prinzipienlosigkeit. Macht es euch doch zuhause gemütlich bei euren quotengesicherten Leibrenten und verkauft euren Lesern oder Zuhörern immer wieder die gleichen traurigen Geschichten aus der Dritten Welt. Da können eure fetten Safarijournalisten Krokodilstränen verströmen über den Hunger in der Welt, ohne dass sie davon im Geringsten betroffen sind. Toll! Ich jedenfalls hab noch keinen von denen mal in die eigene Tasche greifen sehen, um wenigstens den Opfern zu helfen, mit deren Fotos sie hinterher das große Geld machen. Eure Prinzipien sind die der Banken und Versicherungen, mein Mädchen. Lasst uns damit in Ruhe, auf eure zumeist tendenziell gefärbten Berichte können wir hier verzichten.«

Mein beabsichtigter Protest bleibt für den Augenblick in der Luft hängen, denn der Kombifahrer besteigt nun sein Fahrzeug, und wir werden aufgefordert, unsere Fahrräder zu besteigen und in seinem Windschatten mitzuradeln. Zuvor werden die Stirnbänder bis zum Beginn der direkten Kampfhandlungen wieder abgenommen und zusammen mit den Fahnen und allem, was die Männer sonst noch als Guerilla verraten könnte, im Kombi verstaut. Bob sitzt schon auf, da dreht er sich noch einmal zu mir hin, mit provozierend gelangweilter Miene, als bedürfe sein normal gelangweilter Gesichtsausdruck noch einer Steigerung, und ruft: »Mach's dir doch einfach, setz dir einen Tropenhelm auf und geh nach Afrika. Jetzt kannst du noch umkehren.«

Unreif, kleinlich und gemein waren Attribute, die mir dazu einfielen, aber es blieb keine Zeit, das noch auszufeilen. George, der kleine Sekretär, ignoriert mich nicht ganz absichtslos und bemüht sich, Bob dicht auf den Fersen zu bleiben. Dafür schließt nun meine japanische Bundesgenossin zu mir auf und wir radeln sozusagen als Nachhut hinterher.

Ob sie nun wirklich Marie heißt oder ob dies nur ein fehlinterpretierter Kampfname ist, frage ich sie.

»Nein, mein Taufname ist Marie-Luise, denn mein Großvater war deutscher Diplomat in Japan im Zweiten Weltkrieg. Er heiratete danach meine Großmutter, die Botschaftsangestellte war, und blieb in Japan. Von da an war meine Familie christlich-protestantisch. Und Frauen bekommen bei der Hisbollah ohnehin keinen Kampfnamen. Ihre eigenen Namen sind stereotyp genug.«

»Was sagt denn Ihre Familie zu Ihrer Guerillaexistenz? Das muss diesen schrecklich konventionellen Japanern doch gewaltig zu schaffen machen.«

»Allgemein ist das richtig«, keucht sie, denn nun geht es eine Anhöhe hinauf und wir werden langsamer. »Aber schon mein Vater war bekannt und gefürchtet für seine revolutionären Ideen und verlor seinen Lehrstuhl für Angewandte Physik an der Universität in Yokohama deswegen. Er eröffnete später mit deutscher Entwicklungshilfe ein eigenes physikalisches Institut in Kobe, aber er starb dann relativ jung an einer Bauchspeicheldrüsenkrankheit. Meine Mutter hat später wieder geheiratet. Sie selbst, aber auch ihr zweiter Mann, ein Pianist, stehen eigentlich zu mir. Nicht unbedingt kritiklos, aber schon auch verständnisvoll. Sie haben mich zweimal zusammen besucht, als ich in Israel im Gefängnis einsaß. Und die Israelis haben es ihnen weiß Gott nicht einfach gemacht. Beide sind auch nicht mehr ganz gesund.«

Wir waren nun oben auf der Höhe angekommen und verharren einen kurzen Augenblick, um die auf einem Bergkegel vor uns liegende Festung Beaufort in einer Entfernung von vielleicht fünfzehn Kilometern zu betrachten und die baumlose Graslandschaft davor, die wir nun zügig auf einer freundlich meandernden einspurigen Landstraße durchqueren müssen. Von den gewaltigen Mauern dieser Kreuzritterfestung war nichts zu erkennen. Stattdessen war sie vollkommen verdeckt von Erdaufschüben, die dieser ungeheuren Burganlage ein kraterhaftes Aussehen verleihen. Als ein schier aussichtsloses Unterfangen erscheint mir jetzt der Versuch der Hisbollah, auch nur einen Außenposten dieser massigen Festung erobern zu wollen. Und es scheint mir nicht weniger wahnwitzig zu sein, dass wir im Gefolge des Kombi bis an den Fuß des Bergkegels radeln sollen, ohne die Aufmerksamkeit und damit den Verdacht der israelischen Burgverteidiger zu erregen und zugleich ihre nicht eben zimperlichen Gegenmaßnahmen zu provozieren.

Es bleibt mir keine Zeit, Marie meine Zweifel mitzuteilen, denn sie hat sich bereits auf ihr Rad geschwungen und ist in freier Fahrt die Anhöhe hinunter. »Noch kannst du umkehren«, flüstert die innere Stimme meiner Vernunft mir zu. »Setz dir deinen Tropenhelm auf und verschwinde nach Afrika«, echot mein sensationsparteiischer Unverstand. Hinter mir drängelt ein Nachzügler, und schon bin auch ich auf dem Weg nach unten, wobei mir der Fahrtwind durch die Haare fährt, als wolle er mich für meinen Entschluss streicheln. Wir schweben in eine Landschaft hinein, die die biblische Versprechung von Milch und Honig hätte symbolisieren können. Im Frühtau der umgebenden Hügel umfangen uns sanfte Matten nicht mehr sehr grünen, dafür aber im Morgenwind endlos wogenden Grases unter dem Crescendo jubelnder Vogelstimmen. Ein erdiger Duft rundet das Idyll perfekt ab, und über allem weitet sich ein puderblauer Morgenhimmel, dessen östlicher Horizont mit orangegelben Flirren beworfen ist, die die aufgegangene Sonne hinter den Höhen des Libanongebirges ankündigen. Aber wie mit drohendem Unterton begleitet die düstere Ansicht der alles überragenden Festung vor uns diese liebliche Szene, die wie keine andere das gottväterliche Hirtenbild in den grünen Auen und an den frischen Wassern versinnbildlicht, das in der trostvollen Weissagung des 23. Psalms enthalten ist. Auch in Augenblicken wie diesen kann man nicht umhin, den extremen Gegensätzen dieses Landes trotz gemischter Gefühle uneingeschränkt Bewunderung zu zollen.

Bald haben wir den Kombi eingeholt, der, dem Tempo der ihn umgebenden Radler angepasst, mal schneller, mal wieder langsamer die zahlreichen Schadstellen der Straßendecke zu umgehen sucht, die auch uns sehr zu schaffen machen. Wenn bei einer allzu starken Erschütterung seine Ladung vorzeitig explodieren würde, bliebe auch von uns nicht viel übrig, und dieser Gedanke veranlasst mich, immer ein wenig hinter der Radlerkolonne zurückzubleiben, als sei ich im Radfahren ungeübter als die anderen. Dem widerspricht auch niemand, denn es verstärkt offenbar unseren unverdächtigen Eindruck. Scheinbar gibt jemand der Japanerin den Wink, neben mir zu bleiben, denn sie steigt irgendwann ab, um auf mich zu warten, und witzelt durchaus wohlwollend über meine mangelnde Kondition, als wir nebeneinander weiterfahren.

»Wie sieht denn nun der genaue Plan aus?«, frage ich sie. »Ich sehe hier nichts, was uns vor den Ferngläsern der Burgverteidiger verbergen könnte.«

»Wir wollen gleich an einer ausgemachten Stelle vier kleine Zelte aufschlagen«, gibt sie Auskunft. »In der Regel lassen die Israelis so etwas nicht zu und schicken sofort einige Patrouillenfahrzeuge, um uns zu vertreiben, solange wir ihnen glaubhaft signalisieren können, dass wir Studenten sind, die hier einfach nur campen wollen. Vergiss nicht, es ist Wochenende und nicht unüblich, dass vor allem Beiruter Studentengruppen immer mal hier zu zelten versuchen – manchmal lässt man sie sogar in Ruhe. Noch bevor jedoch die Israelis diesmal reagieren können, wird von den umliegenden Hügeln das Feuer auf sie eröffnet. Unsere Kämpfer sind schon längst dort postiert. In dem Kugelhagel wird der Kombi versuchen, bis zur Festung zu gelangen und dort um Schutz zu bitten. Wir alle werden scheinbar in Panik wie wild hinterherlaufen und uns dann getrennt voneinander hinter Felsen ducken, als wenn wir dahinter Schutz suchten vor der Schießerei. Den restlichen Plan kennst du. Für die Flucht ist jeder für sich selbst verantwortlich. Immer dran denken, die Alternative einer Gefangenschaft ist kein bisschen witzig.«

Obwohl mir der Plan einleuchtet, schlägt mir die Sache richtiggehend auf den Magen. Ich fühle mich flau und spüre, wie mir trotz der frischen Morgenluft der Schweiß ausbricht. Und ich frage mich allen Ernstes, was zum Teufel mich bewogen haben könnte, bis hierher mitzulaufen. Wie zur eigenen Rechtfertigung greife ich nach dem Brustbeutel mit meiner Kamera und hole ihn noch während der Fahrt hervor, als wolle ich mir selbst versichern, dass meine Anwesenheit in diesem Szenario eine rein professionelle Legitimation habe. Ein irgendwo fauler Trick, aber er hilft sofort. Ich spüre, dass ich die Situation wieder im Griff habe, anstatt ihr als Mitläuferin nur ausgeliefert zu sein. Ich bin in Amt und Würden, mit Schirmmütze und Trillerpfeife. Ich handle unter Befehl, deshalb bin ich hier, und dafür werde ich bezahlt, obwohl Chief Pollner diese Variante von Berufsnotstand mit Sicherheit nicht so eng sehen würde.

An einem sicher schon seit Langem trockenen Bachbett, weniger als einen Kilometer unterhalb der Festung, waren die Gotteskämpfer schon dabei, silbern glänzende Sturmzelte aufzuschlagen. Ich staune gerade noch darüber, dass dies nur wenige Minuten in Anspruch nimmt, als ein Guerillo uns ermahnt, zunächst nicht auf die Blinkmorse zu achten, die jetzt von der Festung in unsere Richtung abgegeben werden. Nach ein, zwei Minuten tut er dann selbst so, als hätte er die Morsezeichen eben erst entdeckt, und lenkt unsere Aufmerksamkeit darauf. In gespielter Verwunderung sollen wir nun alle in Richtung Blinkfeuer hochblicken, uns dann aber wieder mit der Vorbereitung unseres Picknicks beschäftigen. Dabei sollen wir so tun, als ginge uns die Morsebotschaft, die sicher zur Verwarnung abgegeben wird, persönlich nichts an. Unsere Fahrräder stellen wir zwischen den Zelten aneinander, damit sie nach Möglichkeit fahrbereit bleiben, und scharen uns dann um eine Feuerstelle, die soeben in Brand gesetzt wird. Sogar ein Grillgerät wird aus dem Kombi getragen und für die Burgbesatzer sichtbar aufgestellt.

Doch noch während einiges hinzugebracht wird, das wie Picknickzubehör aussehen soll, verwandeln schon die ersten Maschinengewehrsalven, von den umliegenden Hügeln her auf die Festung abgegeben und von dort sofort erwidert, unser angespanntes Morgenidyll in ein Inferno. Der kleine Sekretär neben mir duckt sich vor Schreck, aber Bob zieht ihn wieder hoch und stößt ihn in die hohen dürren Gräser entlang des Bachbetts. Dann ruft er mir zu, ich solle mich ebenso dahinter verstecken. Aber die Japanerin, die noch eine große Tüte mit unerfindlichem Inhalt an sich presst, schreit, wir sollen alle hinter dem Kombi her in Richtung Festung laufen. George weigert sich und bleibt in seiner Hockstellung sitzen, während Bob nun mich hinter sich herzieht bei unserem vergeblichen Versuch, den Kombi noch zu erreichen, der nun, immer schneller werdend, die Anhöhe zur Festung hinauffährt.

Die Guerilleros rennen hintereinanderher den Hügel hinauf, wobei sie in der linken Hand jeweils eine runde Kugel tragen, deren Funktion mir zunächst unklar ist.

Einer hat eine große Kabelrolle auf dem Rücken, die ihn offenbar wenig beim Klettern behindert, und so geht es von Stein zu Stein, von Grasbüschel zu Grasbüschel den Hügel hinauf. Zwar nützen den Gotteskämpfern vereinzelte größere Felsbrocken zu kaum mehr als atemlangem Schutz vor den Maschinengewehrsalven der Gegner, aber es ist schon erstaunlich, wie sie immer wieder ganze Kletterstrecken überwinden, ohne sich auch nur zu ducken. Ganz als würden sie darauf vertrauen, dass ihre wieder angelegten Stirnbänder, die ihnen etwas Verwegenes geben, sie gegen die gegnerischen Kugeln feien.

Bob und ich versuchen ihnen so weit wie möglich auf den Fersen zu bleiben, wobei es mir immer wieder gelingt, die kämpfende Truppe vor mir aus der Hockstellung heraus von unten her zu filmen. Das dynamische Mikrofon würde auch die Kampfgeräusche akustisch richtig wiedergeben. Und bei meinem Bemühen, eine saubere professionelle Arbeit hinzulegen, bleibt der aus der Retrospektive mehr als berechtigte Faktor Angst während des gesamten Geschehens so gut wie vollkommen ausgeklammert.

Je höher wir kommen, desto heftiger schlagen über uns und neben uns die Projektile ein und zwingen Bob und mich mitunter zu ganzkörperlicher Bodenhaftung. Nicht so die Gotteskämpfer, mit denen Schritt zu halten für uns beide irgendwann unmöglich wird. Einer nach dem anderen schwingt nun diese Kugel in immer schneller werdenden kreisenden Bewegungen und lässt sie dann durch die Luft schwirren, bis sie ihr Ziel innerhalb des Festungspostens erreicht und sich in einem Feuerball entlädt. Es folgt Explosion auf Explosion, manchmal hören wir Schreie, wobei wir nicht ganz sicher sein können, ob diese nun von unseren Guerilleros stammen oder von ihren Gegnern. Über mir plötzlich ein dumpfes Geräusch, ein Gotteskrieger fällt in sich zusammen, während sein abgerissener Kopf wie ein surreales Geschoss an uns vorbei den Hügel hinunterfliegt und hinter einem Felsbrocken verschwindet.

Ich starre ihm ungläubig hinterher, bevor mich Entsetzen überkommt. Es ist mir, als hätte ich all das schon mal erlebt, als sei das ganz normal so – eine irrationale Erfahrung, die sich erst in Schrecken überleitet, als ich versuche, an dem Toten vorbei die Anhöhe zu erklimmen. Erst jetzt erinnere ich mich auch daran, den Toten zu filmen, anstatt ihn atemlos staunend wie ein Kind anzustarren. Und erst als ich, diesmal über ihm stehend, den ohne Kopf nun erstaunlich kleinen, in sich zusammengesunkenen Leichnam ins Bild bekomme, begreife ich eigentlich erst den Tod dieses Menschen und den Irrsinn dieser ganzen Unternehmung in seiner wirklichen Bedeutung. Und ich spüre, wie in mir der fast unwiderstehliche Wunsch aufsteigt, mich umzudrehen und fortzugehen, einfach zurück in eine Normalität, in der ich vor nicht langer Zeit noch zuhause war.

Dann höre ich Bob aufschreien, er hat beide Hände vors Gesicht geschlagen und schwankt bei dem Versuch, in dem unsicheren Geröll aufrecht stehen zu bleiben. Soweit ich erkennen kann, scheint alles glimpflich abgelaufen zu sein, denn es ist keine offene Verletzung zu sehen. Sein Brillengestell hängt zerbrochen in seiner rechten Armbeuge, Glassplitter sind über seine Kleidung verstreut, und obwohl leicht gebeugt, gibt er in seiner prominenten Größe ein leichtes Ziel ab für die immer noch vereinzelt in unsere Richtung abgegebenen Schüsse.

Jetzt bin ich es, die ihn gegen den Berg niederdrückt und angstvoll fragt, ob er getroffen worden sei.

»Natürlich«, schnauzt er zurück. »Meinst du, ich hänge hier zum Spaß blind in der Gegend?«

Auch wenn sie wieder mal typisch ist für Bob, beruhigt mich seine Ruppigkeit erst einmal ein wenig.

»Meine Brille ist von einem Steinsplitter zerschlagen worden und irgendwas ist in mein Auge gedrungen, glaube ich«, schiebt er als erste brauchbare Information nach. »Es tut auf jeden Fall höllisch weh.«

»Jedenfalls bist du noch am Leben«, stelle ich ihn richtig, etwas irritiert über seine vermeintliche Wehleidigkeit.

Jetzt hören wir plötzlich eine Art Jubelschreie. Ich habe den Eindruck, dass die Gotteskrieger den Außenposten tatsächlich überrannt haben, und teile meine Vermutung Bob mit und meine Absicht, dies noch filmen zu müssen. »Ich bin in wenigen Minuten zurück«, versichere ich ihm und bin erleichtert, dass Bob mich voller Verständnis aus der Pflicht entlässt, bei ihm zu bleiben, um ihm beizustehen.

Wenige Minuten später bin ich oben an der Festungs-
mauer angelangt, die an zwei Stellen so stark getroffen
wurde, dass es mir gelingt, über die herabgefallenen
Bruchsteine hinaufzuklettern, die wohl auch den His-
bollah-Kriegern den Zugang über die Festungsmauern
erleichtert haben. Als es immer steiler wird, nutze ich
geborstene Zementzacken und wirr herausragende
Stahlstreben, um mich vollends hinaufzuhangeln auf
die Brüstung. Die Guerilleros feuern im Schutz einiger
halbhoher Gänge und der darauf aufgehäuften Sand-
säcke in Richtung gegnerischen Maschinengewehr-
feuers vom Hauptteil der Festung her, aber scheinbar
weniger aus der Notwendigkeit zur Gegenwehr als
vielmehr zur Bestätigung ihres Etappensiegs.

Die Einnahme des Außenpostens ist offenbar tatsächlich leichter gewesen, als sie sich das vorgestellt haben,
denn sie stehen ganz locker herum. Einige Fahnen sind
schon in die zerborstenen Einschussstellen der Brüstung sowie in einer Wand im Innern des Postens fest-
gesteckt worden und haben in ihrer aggressiv orangegelben Farbkraft auch die beabsichtigte Wirkung. Im
Hintergrund bringen die Kämpfer noch einige Gebäude
zur Explosion, was sie immer wieder mit Siegesgeschrei
begleiten, bevor sie unvermittelt den Rückzug antreten.
Einige springen zurück über die Brüstung nach unten,
andere rennen aus der zerbombten Einfahrt heraus geduckt die Straße hinunter.

Die Japanerin hat sich mir zugesellt und ich bin dankbar dafür, denn sie hilft mir beim Abstieg zu Bob hinunter, den wir beidseitig unterfassen, um in aller Eile den

Berg hinunter in die Grasfelder zu gelangen, in deren Schutz wir vielleicht zu unseren Fahrrädern gelangen können. Aber Bob, der für den Augenblick fast blind zu sein schien, verlangsamt den gemeinsamen Abstieg so sehr, dass ich vorsorglich nach einem Unterschlupf Ausblick halte, in dem wir, verborgen vor den Rotlichtaugen der israelischen Kampfhubschrauber, deren voraussehbare Suchaktionen in Ruhe abwarten können.

Dabei kommt uns die Beschaffenheit der libanesischen Felsschichten sehr gelegen. Nur wenige hundert Meter von dem Bachbett entfernt, an dem auf einer weiter oben gelegenen Stelle unser Zeltlager wahrscheinlich immer noch auf uns wartet, verteilt ein narbiger Felsbrocken seinen Schatten generös über dem einigermaßen festen Geröllboden, der ihn festhält. Offenbar ist er bei seinem Absturz vor langer Zeit über einem anderen Felsstück zum Stehen gekommen und bietet nun einen etwa siebzig Zentimeter hohen und fast zwei Meter breiten Zwischenraum, aus dem wie eine grüne Zunge eine Anzahl von Ackerpflanzen hervorquillt. Ein phantastischer Schlupfwinkel! Dort haben wir Platz genug, um zu dritt einige Stunden abzuwarten, bis sich die Aufregung draußen gelegt hat. Und noch dazu ohne Gefahr zu laufen, von Sucheinheiten entdeckt zu werden.

Mit knapper Not haben wir es geschafft, Bob bis zu diesem Felsbrocken zu manövrieren, als auch schon israelische Hubschrauber über dem Kamm des nächstgelegenen Hügels in unser Blickfeld fliegen. Es ist eine Viererstaffel, von denen zwei nach meiner Einschätzung genau über unserem Zeltplatz stehen bleiben, während ein Dritter ganz dicht über die Grasfelder fliegt und der Vierte unseren Hügel absucht. Für einen bangen Augenblick klebt mir die Kehle zu im Zweifel darüber, ob sie uns nicht doch noch ausgemacht haben könnten.

Der Hubschrauber fliegt kaum zehn Meter über uns her und wirbelt dabei nicht nur Sand, sondern auch größere Steine herum, sodass unser Versteck bald zusätzlich dahinter verborgen ist. Das erleichtert unsere Lage beachtlich, weil wir nun nicht gezwungen sind, noch tiefer unter den Stein zu kriechen. Kurze Zeit später hören wir Stimmen einer israelischen Suchmannschaft, die sich wahrscheinlich aus den Helikoptern abgeseilt hat. Einer von den Männern muss unserem Versteck gefährlich nahe gekommen sein, denn wir hören jemanden in geringer Entfernung auf der Anhöhe hinter uns fluchen, vielleicht weil er sich im überall niederprasselnden Schotter verletzt hat. Anschließend rennt dieser für uns Unsichtbare in großen Sprüngen den Berg hinunter, ohne dass wir es wagen, ihm nachzublicken.

Noch einmal kommt diese oder eine andere Suchtruppe bei uns vorbei, nachdem wir uns nach stundenlangem Warten in halber Rückenlage auf dem harten Geröll fast schon entschlossen haben, von Felsbrocken zu Felsbrocken in die dürrfarbenen Wiesen unter uns abzusteigen. Meine Angst vor giftigen Kriechtieren wie Vogelspinnen oder Skorpionen hat sich kein bisschen beruhigt, sie wuchs im Gegenteil ständig an, aber es war nun einmal »eine Angst gegen die andere«, wie Bob die Sache auf den Punkt bringt. Er macht sich auch Sorgen um George, von dem draußen weit und breit nichts zu sehen ist. In eigener Sache leidet er derweil klaglos vor sich hin, sein rechtes Auge ist inzwischen so stark angeschwollen, dass es nicht mehr zu sehen ist. Auch das linke Auge scheint nicht ungeschädigt davongekommen zu sein. Jedenfalls kann er auch dieses nicht lange offen halten. Vielleicht sind dort Glassplitter von den zerbrochenen Brillengläsern eingedrungen. Aber solange wir nicht genügend Licht, geschweige denn Wasser und Watte für einen Säuberungsversuch haben, bringen uns Spekulationen einer hilfreichen Diagnose auch nicht näher.

Es ist fast Mittag, als wir plötzlich unter uns Stimmen hören, englische Wortbrocken, die zu uns hinaufwehen. Elektrisiert richten wir uns auf und lugen hinter unserem Pflanzenvorhang in Richtung dieser unverhofften Zivilisationsverheißung. Eine kleine Gruppe von Frauen und Männern stehen im ausgetrockneten Bachbett, gebeugt über irgendwas, das ihr Interesse so sehr in Anspruch nimmt, dass sie offenbar noch nichts wahrgenommen haben von der Problematik ihrer Umwelt.

»Im Grunde könnten wir jetzt ganz gemütlich bis zum Bach absteigen und diesen entweder hinauf- oder hinunterverfolgen, denn es ist uns nicht nachzuweisen, dass wir die Hisbollah-Kampftruppe mehr oder weniger freiwillig begleitet haben. Wir können durchaus zufällig hierhergekommen sein. Die Gegend ist doch nicht abgesperrt?«

Bobs Gesicht verzerrt sich diesmal nicht vor Schmerzen, sondern vor Unmut über meine Naivität. »Jacky, mach's uns jetzt nicht noch schwerer mit deinen albernen Ausbruchsplänen. Offenbar hast du vergessen, dass etwaige Suchtruppen spätestens bei meinem Anblick wissen, wen sie vor sich haben. Journalisten sind hier nicht tabu, erinnere dich, und ich wäre nicht der erste libanesische Journalist, den sie monatelang, wenn nicht gar über Jahre in Khiam oder in Israel festgehalten haben ohne Gerichtsverfahren – ohne alles! Außerdem werden sie wohl auch unsere Japanerin hier schrecklich gern wieder einkassieren – und allein lassen willst du sie wohl auch nicht.«

Normalerweise hätte ich mir eine solche Zurechtweisung nicht einmal von Bob kommentarlos gefallen lassen, aber jetzt finde ich dem in der Tat nichts Vernünftiges entgegenzusetzen. Bloß nicht einer Suchtruppe in die Hände fallen! Dabei fällt mir noch ein, dass Bob die Hoffnung hegt, George irgendwo aufzutreiben, im Glauben, dass der irgendwo hilflos durchs Gelände tüttelt – aus meiner Sicht ist das kein bisschen weniger naiv als mein Fluchtplan, unter unserem Steindach hier wegzukommen, bevor uns irgendein giftiges Getier ohnehin hinaustreibt.

3. In Gefangenschaft der Südlibanesischen Armee (SLA)

Das Zusammentreffen mit Zivilisten ist unsere Chance. Die Japanerin und ich sehen uns kurz an, rappeln uns hoch aus unserer Versteifung, nehmen Bob ohne weitere Erklärung unter die Arme und rutschen von Steinplatte zu Steinplatte, von Grasbüschel zu Grasbüschel, so schnell wie überhaupt nur möglich, den Abhang hinunter. Die Vegetation des Bachbetts fängt uns auf, ehe wir ins Wasser fallen können. Die Gruppe hat sich uns derweil bass erstaunt zugewendet, begrüßt uns neugierig, aber deutlich reserviert.

»Wir befinden uns alle hier und jetzt – auch Sie selbst – in größter Lebensgefahr«, beginne ich hastig, ohnehin noch nie eine Befürworterin langer Einleitungen. »Wir sind Journalisten und gerieten ins Kreuzfeuer zwischen Hisbollah-Kämpfern und den israelischen Verteidigern der Burg. Seit Stunden haben wir uns unter einem dieser Felsen verborgen. Im Augenblick ist es ruhig. Wir müssen aber sofort hier weg. Kommen Sie lieber mit uns.«

Und dann bin ich doch sehr überrascht. Ich erkenne in einer der beiden Frauen unter dem Schatten ihres Strohhuts ein Mädchen wieder, mit dem ich im Flugzeug von Larnaka nach Beirut geflogen bin.

»Wir sind im gleichen Flieger von Larnaka gekommen«, versuche ich sie zu erinnern, aber es kommt kein Echo ihrerseits. Irgendwie passt die Erinnerung auch überhaupt nicht in den aktuellen Rahmen. Alle Aufmerksamkeit hat sich inzwischen auch auf Bob konzentriert, der zwischen der Japanerin und mir mehr hängt als steht und einen pathetischen Anblick bietet.

Das hindert ihn allerdings nicht daran, mich barsch zu unterbrechen: »Jacky, wenn du dich freundlicherweise zurückhalten wolltest mit zeitraubenden Honneurs – dazu ist jetzt überhaupt keine Zeit! Wir müssen so schnell wie möglich hier weg aus dieser Gefahrenzone, bevor man uns aufgreift.«

Ich kann es mir nicht verkneifen, ihn doch noch schnell mit einer angedeutet zeremoniellen Verneigung zu unseren neuen Bekannten hin als den »Zerberus der schreibenden Zunft des Libanon« vorzustellen, was Bob lediglich mit kurzem ärgerlichem Kopfschütteln quittiert. Mein deplazierter Humor irritiert ihn verständlicherweise.

Das scheinbar angestammte, nicht zu erschütternde Selbstbewusstsein der Libanesen auch in den unmöglichsten Situationen fordert mir immer wieder Bewunderung ab. In dieser Gruppe hat er die Mehrheit offenbar auch hinter sich. Also nehme ich mich zurück, denn nichts ist undankbarer als die Rolle des Pausenclowns, allemal in unserer augenblicklichen Notlage.

Ohnehin ist in den Mienen unserer neuen Bekannten abzulesen, dass unser abenteuerliches Äußeres nicht eben ihr Vertrauen erweckt. Vielleicht um von vornherein eine Verbrüderung mit uns auszuschließen, stellen sie sich trotz unserer evidenten Zeitnot mit distanzierter Höflichkeit in hierarchischer Ordnung vor als Hochschullehrer-Ehepaar am Geologischen Institut der Amerikanischen Universität in Beirut, der zweite Mann im Team als ihr wissenschaftlicher Assistent und ein weiterer als Fahrer des Instituts. Das mir aus dem Flugzeug bekannte Mädchen schließlich offenbart sich als Gaststudentin am Lehrstuhl der auch ihrerseits lehrtätigen Hochschullehrerin.

»Ich selbst arbeite für einen deutschen TV-Sender«, schließe ich die absurde Vorstellungsrunde am absurd ungewöhnlichen Ort ab, »und diese Dame aus Japan sollte eigentlich für mich filmen, aber wir haben die Kamera auf der Flucht verloren, als wir zwischen die Schusslinien diverser Kombattanten gerieten. Der Beschuss kann auch sofort wieder einsetzen, deswegen sollten wir uns schnellstmöglich von hier absetzen. Aus welcher Richtung sind Sie denn gekommen?«

Der Fahrer weist nach Westen: »Wir sind dem Bachbett gefolgt, das den Herrschaften schon bekannt ist«, erklärt er. »Der Bach gräbt sich nach Westen hin durch ein ziemlich enges bewaldetes Tal. Vielleicht ist uns deswegen nichts Besonderes aufgefallen. Wir können den Weg auch wieder zurücklaufen und so zu unserem Wagen gelangen. Der steht in einem Dorf am Ausgang des Tals.«

Mit dem Hinweis auf Bobs Augenverletzung bin ich geneigt, ihm zuzustimmen. Die Bewaldung des Tals würde uns Schutzmöglichkeiten vor anfliegenden Hubschraubern gewähren, ganz abgesehen von dem Schatten vor der jetzt hoch stehenden Sonne. Zwangsläufig ohne realistisches Raumgefühl fragt Bob, ob es nicht besser sei, die wenigen hundert Meter zu unserer Zeltstelle zu gehen, um George noch irgendwo aufzutreiben. Die Japanerin schlägt ihm solches Ansinnen ungewohnt heftig aus, und so beginnen wir mit unserem Weg das Bachbett hinunter in Richtung Tal.

Aber das Unvermeidliche geschieht, nachdem wir kaum die ersten fünfhundert Meter hinter uns gebracht haben. Zwei offene Jeeps mit aufmontierten Schnellfeuergewehren kommen uns entgegen und nehmen uns in die Zange, bevor dann die Mehrheit der Soldaten, SLA-Soldaten, wie mir die Japanerin leise zuflüstert, von den Jeeps abspringt und auf uns zukommt.

»Sagen Sie ja nicht, dass Sie uns soeben erst kennengelernt haben«, sage ich ganz langsam mit verhaltener Stimme zwischen den Zähnen her zu unserem Professorenehepaar hin, ohne meine Lippen auffällig zu bewegen. »Wir sind als Gruppe unterwegs im Auftrag Ihres Instituts! Bob ist gefallen und hat seine Brille dabei zerbrochen. Wenn wir uns nicht alle an diese Story halten, werden sie niemandem von uns glauben.«

Zu weiteren Anweisungen bleibt keine Zeit mehr, aber ich blicke unsere neuen Bekannten so eindringlich an, dass sie den Ernst der Situation erfassen oder doch zumindest kommentarlos akzeptieren.

»Sie arbeiten in Beirut in meinem Auftrag«, schärfe ich der Japanerin noch einmal ein, bevor ich mich den Soldaten zuwende, die uns schon umzingelt haben. Einer von ihnen fragt uns in dem merkwürdig rollenden Französisch schulgebildeter Einheimischer nach dem Grund unseres Hierseins, und in das allgemeine Schweigen meiner Gefährten hinein erkläre ich unsere Anwesenheit in der zuvor verabredeten Version. Bob gibt sich als Chef vom Dienst des »Orient Observers« zu erkennen, während ich mich als deutsche TV-Korrespondentin ausweise, ohne zu vergessen, die Japanerin als meine Filmassistentin vorzustellen. Diese lächelt dabei in der eigentümlich konventionellen Art ihrer Landsleute, eine alle Gefühle relativierende Maske, die überall passt und die ich ihr in dieser Situation gern nachgemacht hätte. Einer der Soldaten, die im Jeep sitzen geblieben sind, wahrscheinlich um die Geschütze gefechtsklar zu halten, telefoniert über ein Bordtelefon nach Verstärkung. Eine ungute Entwicklung scheint sich anzubahnen. Erwartungshaltung minus war angesagt – eigentlich meine Stärke, denn wenn alles verloren scheint, kann jede Form von beherztem Verhalten die Situation nur noch verbessern. Und auch jetzt fällt alle Furcht von mir ab.

Die Soldaten befragen den Geologen nach dem Weg, der »uns« hergeführt hat, und in seiner in diesem Rahmen besonders distinguiert wirkenden Art des abgehobenen Wissenschaftlers erklärt dieser in absichtlicher Knappheit den Verlauf »unserer« Aufstiegsroute.

»Sind Sie im Taxi hergekommen?«, fragt ihn der Soldat, und während noch sein Fahrer ansetzt, um seinerseits zu antworten, nickt der Professor zustimmend. Zu meiner großen Erleichterung scheint er sich an meine Hergangsversion zu halten, denn wir hätten sonst sofort schon einige Schwierigkeiten gehabt mit der Erklärung, wie wir alle in einem einzigen Personenwagen in den Süden des Libanon gelangt sein konnten.

Ein weiterer Jeep kommt hinzu, gefahren von einem einzelnen Soldaten mit auffällig blonden Haaren. Wir müssen zu viert dort einsteigen, während die restlichen Mitglieder unserer Gruppe auf die beiden anderen Fahrzeuge verteilt werden. Dann geht es Hals über Kopf das Bachbett hinauf zu unserer Zeltstelle, wo alles noch fast so steht und liegt, wie wir es verlassen haben. Von George hingegen sehen wir keine Spur.

Ohne uns anmerken zu lassen, dass wir mit den Örtlichkeiten schon etwas vertraut sind, werden wir in raschem Tempo die Straße hinauf zur Festung und nach einer Abzweigung offenbar durchs Hauptportal in einen länglichen Innenhof gebracht. Hier geht es erstaunlich friedlich zu, oder aber es sind die gewaltigen Abmessungen, die alle Bewegungen der SLA, seien es Fahrzeuge oder Truppen, in eine unbedeutende Verhältnismäßigkeit zurückstufen. Wie ich kürzlich erst erfahren habe, war vor knapp eineinhalb Jahrzehnten die militärische Großmacht Israel unter dem Einsatz modernster Waffen monatelang damit beschäftigt, der palästinensischen Guerilla dieses Kastell streitig zu machen, mit Erfolg. In der Folge begannen sie mit den Erdaufschüttungen, die seither die ehrwürdigen Mauern nach außen hin vollkommen abdecken. Nirgendwo ist man Gegensätzen so dramatisch ausgesetzt und, wie mir scheint, in unserem Fall jetzt auch ausgeliefert wie hier.

Nachdem wir eine Weile unter der sengenden Mittagssonne in den Armeefahrzeugen geschmachtet haben, winkt man uns in einen kleinen Raum, in dem eine Handvoll Soldaten auf rohen Holzbänken entlang den Wänden sitzt und sich aus Coladosen erfrischt. An diesen rennen Tropfen von Kondenswasser hinunter, die Kühlung und Genuss suggerieren, ganz genau wie auf ihrer Glanzbildreklame, und das macht es umso schmerzlicher für uns, dass man uns offenbar absichtlich keine davon anbietet. Ein junger Mann in Offiziersuniform kommt wenige Minuten später herein und beginnt mit einer etwa halbstündigen Befragung aller unserer Gruppenmitglieder, ohne seinerseits die geringste Reaktion auf unsere Antworten zu zeigen. Anschließend winkt er einem der Soldaten, der aufsteht, die erstaunte Japanerin am Arm nimmt und nach draußen stößt. Als ihr Protestschrei zu uns dringt, springt der Offizier von der Ecke des Tischs auf und hastet ihnen nach.

Der Professor hat sich aufgerichtet und scheint seiner Empörung über die Behandlung eines Mitglieds unserer Gruppe Luft machen zu wollen, lässt sich aber von seiner Frau davon abbringen, die ihn mit angstvoll geweiteten Augen beschwörend anblickt, ohne etwas zu sagen. Dann sitzen wir alle still und abwartend da, nur der über uns kreisende Fan surrt leise, und hin und wieder seufzt Bob, dessen Verwundung ihm wohl Schmerzen verursacht. Diese hat bislang seitens unserer Bewacher noch keinerlei Beachtung gefunden. Einer der Soldaten hat ihm irgendwann angeboten, an seiner Zigarette zu ziehen, aber Bob hat das schweigend abgelehnt mit jenem arroganten Hochziehen der Augenbrauen, die in der arabischen Welt Ablehnung oder Verneinung signalisiert.

Das hat den Fahrer des Professors dazu ermutigt, in seine Tasche zu greifen, wohl um sich seine eigenen Zigaretten herauszuziehen. Das aber wird ihm von unseren Bewachern mit einem scharfen Zischlaut und der gleichen hochfahrenden Grimasse verwehrt. Der untersetzte Mann schwitzt erbärmlich, nimmt aber die Zurechtweisung mit einer stoischen Ruhe auf, die mindestens bürgerkriegsgestählte Nerven verrät.

Auch der Assistent des Professors hat sich nicht sonderlich beeindruckt gezeigt von dem bisherigen Teil unseres Abenteuers, aber er stammt, laut eigenen Angaben dem Offizier gegenüber, aus jenem grenznahen Ort Kana, wo nach biblischer Darstellung Jesus anlässlich der berühmten Hochzeit von Kana einst Wasser zu Wein verwandelt haben soll. Hier ist der überwiegende Teil der zumeist bäuerlich verwurzelten Gesellschaft immer neuen Variationen wechselseitiger Soldatenwillkür unterworfen, sei es von den eigenen Hisbollah-Kämpfern oder denen der SLA, was sie dazu zwingt, immer neue Überlebensstrategien zu entwickeln.

Ein Schrei reißt mich aus meinen Gedanken. Die Japanerin wird gewaltsam wieder in unseren Raum gestoßen und hält sich den Kopf. Ihr Gesicht ist tiefrot geschlagen. Hinter ihr erscheint der Offizier, bleibt aber unter dem Türrahmen stehen und ruft irgendetwas nach draußen, bevor er sich wieder uns zuwendet.

Ich bin aufgesprungen und versuche ihn zur Rede zu stellen.

»Sie halten sich besser zurück, Madame!«, herrscht er mich an, und diesmal zeigt sein Gesicht rohe Gewaltbereitschaft. »Mit Ihnen bin ich ohnehin noch nicht fertig«, und dabei schiebt er seinen Unterkiefer vor, als wolle er mich damit zurückschieben.

»Es tut mir leid, Professor, wenn Sie wirklich der sein sollten, als der Sie sich ausgeben«, und Letzterem gegenüber befleißigt er sich merklich einer gewissen Höflichkeit, »aber wir werden Sie jetzt alle gemeinsam nach Khiam bringen, wo man die Wahrheit schon aus Ihnen allen herausbringen wird.«

Keiner von uns wagt zu fragen, was und wo Khiam sei, aber zu solchen Fragen bleibt auch keine Zeit. Schon werden wir wieder zu den Jeeps gebracht und fahren gleich darauf in nordöstlicher Richtung unter einem malerischen Bergrücken her in eine erhabene Landschaft hinein. Schöner könnte man sie nicht mal auf den alten Stichen der frühen europäischen Orientreisenden finden. Die Assoziation, dass auch deren Reisen nur mit großen Entbehrungen und unter extremen Belastungen und Gefahren bewältigt werden konnten, tröstet mich in diesem Augenblick in gewissem Maße und verleiht unserem Abenteuer hier nach meiner eigenen Empfindung eine gewisse Vertrautheit.

Diesmal hat man uns Frauen alle in dem ersten Fahrzeug zusammengefasst, während die Männer im zweiten folgen. Die Japanerin sitzt vor uns auf dem Vordersitz zwischen dem Fahrer und einem Begleitsoldaten und darf sich befehlsgemäß nicht zu uns umdrehen. Ich überlege krampfhaft, ob diese kampferprobte Frau möglicherweise ihre mit mir ausgemachten Identitätsangaben unter den ihr verabreichten Schlägen revidiert haben könnte, denn das allein hätte die wütende Reaktion des Offiziers mir gegenüber erklären können. Indessen schien sie nicht übermäßig gefoltert worden zu sein in der kurzen Zeit, sodass ich nach meiner Menschenkenntnis ein Einknicken ihrerseits als unwahrscheinlich einschätze.

Die Straße zieht sich nun vor uns in einer weiten Linkskurve die nächste Anhöhe hinauf, auf der einige Hütten eine Siedlung oder ein Dorf ankündigen. Die herbstlich rot gefärbten Blätter niederer Rebstöcke ziehen sich bis zum Straßenrand herunter, der an manchen Stellen von halbhohen Mauern aus Geröllsteinen eingegrenzt ist. Unten im Tal liegt Kriegsschutt, der überall in der ganzen Welt immer die gleichen traurigen Verwüstungen verursacht; ausgebrannte Panzer und die ausgeweideten Karkassen von Personenwagen, deren Insassen mit einiger Wahrscheinlichkeit auch gleich dort unten ihr düsteres Grab gefunden haben.

Irgendetwas blitzt weit vor uns von einer Anhöhe herunter, und unser Begleitpersonal scheint sofort alarmiert zu sein. Unser Fahrer hält gerade an, um seine Kameraden im nachfolgenden Jeep darauf aufmerksam zu machen, da erscheint oben am Ende der

Straße ein Armeefahrzeug, das in schneller Fahrt auf uns zukommt. Noch ehe unser Fahrer zu seinem Walkie Talkie greifen kann, sehen wir eine Staubwolke um das Fahrzeug herum aufsteigen, dann hören wir die Explosion und dann das metallische Stakkato von Schüssen. Wir sehen ein paar Männer, die aus der Staubwolke herausspringen, um gleich darauf, einer nach dem anderen, irgendwie sperrig zu Boden zu fallen und an Ort und Stelle liegen zu bleiben.

Es beibt mir keine Zeit zu reflektieren, ob ich nun Zeugin ihres Todes geworden bin oder nicht, denn unsere Bewacher reißen uns aus dem Fahrzeug und machen uns klar, dass wir uns in den Schutz der Befestigungsmauern am Straßenrand flüchten sollen. Dort ducken wir uns wenige Augenblicke darauf im Schlagschatten des Feuergefechts, das inzwischen eingesetzt hat, zwischen den Soldaten unserer Jeeps und verschiedenen Guerillapositionen, die ich aus meiner geduckten Beobachtungsstellung nicht ausmachen kann. Neben mir höre ich Bob husten, und auch mir selbst wird das Atmen schwer in der mit Staub und dem Geruch von glühendem Metall und Dynamit angefüllten Luft.

»Die Japanerin«, schreit Bob mir zu, »die Japanerin ist geflohen! Sie ist durch den Weinberg über uns weg, das war wohl der Zweck der Übung!« Erst jetzt fällt mir auf, dass der Schreck Bobs bis dahin meist geschlossene Augen offenbar geöffnet haben muss, denn sie sind nun weit aufgerissen und dabei blutrot durchsetzt.

»Versuche, deine Augen so weit wie möglich geschlossen zu halten, bis das hier vorbei ist«, keuche ich zurück, aber Bobs Miene ist Antwort genug auf meinen Anfall von mütterlicher Sorge.

Dann packt uns das blanke Entsetzen. Aus dem überhängenden Weinberg rollt der Körper eines Menschen mit einem grauenhaft dumpfen Geräusch nur wenige Meter neben uns auf den grauen Straßenbelag herunter. Dazu regnet es Erdklumpen und Steinschotter auf uns herab. Zunächst wage ich nicht, meinen Blick darauf zu richten, als könne ich damit die böse Wahrheit verhindern, denn ich schlottere vor Angst, meine japanische Freundin dort leblos ausgestreckt wiederzufinden. Zu meiner relativen Beruhigung stellt sich dann jedoch heraus, dass es ein älterer Mann ist, ein Zivilist offensichtlich, der in bäuerlicher Kleidung unter einer dünnen Staubschicht und abgerissenem Gestrüpp bewegungslos vor uns liegt. Höchstwahrscheinlich ist er bei der Arbeit in den Rebstöcken zwischen die Fronten des Feuerwechsels geraten und dabei umgekommen.

Ohne richtig nachzudenken, ziehe ich die Kamera aus meinem Brustbeutel hervor und fotografiere soeben den Leichnam des Unbekannten, als mich ein gewaltiger Faustschlag neben ihm niederstreckt. Als ich wieder zu klarem Bewusstsein komme, steht einer der Begleitsoldaten im Spagat über mir und schleudert wüste Drohungen gegen mich heraus, die ich allerdings nicht verstehen kann. Dafür sticht mir die Mündung seines Maschinengewehrs unmissverständlich schmerzhaft in die ihm zugekehrte Wange.

Trotz des nicht unerheblichen Schmerzes halte ich

es für klüger, Benommenheit vorzutäuschen und in meiner derzeitigen Lage zu verharren, indem ich auch die Augen abwechselnd auf- und zuflackern lasse. Das kommt mir jetzt aus dem Erbe meiner hoch hysterischen Großmutter zugute, die den Gewohnheiten ihrer großbürgerlichen Erziehung entsprechend sehr dekorativ in Ohnmacht fallen konnte, wenigstens solange sie jung genug dafür war. So registriere ich denn auch zu meiner Genugtuung, dass der Mann von mir ablässt und sich wieder hinter seinen Jeep verfügt, um das Feuer der Angreifer zu erwidern. Ich nutze die Gelegenheit und rolle mich, immer schneller werdend, aus der extremen Gefahrenzone zurück in die relative Sicherheit unseres Mäuerchens.

Auf diese Weise komme ich neben der Professorin zu liegen, die sich in Bauchlage und mit nach unten gekehrtem Gesicht auf den Armen gegen die für sie gewiss apokalyptischen Geschehnisse zu verwahren sucht. Hinter ihr hockt das zyprische Mädchen mit dem Rücken an den Geröllsteinen, auch sie mit dem Gesicht zwischen den Knien und dabei fast zur Gänze bedeckt von ihren langen blonden Locken.

Dann reißt mich eine ungeheure Explosion aus meinen mit mir selbst beschäftigten Betrachtungen. Alles um uns herum sprüht Blut und Feuer. Unmittelbar darauf folgt eine zweite, etwas schwächere Explosion und ich kann erkennen, dass der zweite Jeep hinter uns lichterloh brennt, offenbar nach einem Volltreffer. Blitzartig wird mir bewusst, dass wir nun in der Falle sitzen. Hinter uns versperrt der brennende Jeep jede Möglichkeit zur Umkehr, vor uns macht der havarierte Panzer ein geordnetes Fortkommen für die SLA-Mannschaft unmöglich. Einer unserer Begleitsoldaten ruft außer sich vor Aufregung in sein Autotelefon, vielleicht um Hilfe aus der Luft anzufordern, aber gleich darauf verstummt er mitten in seinem heiseren Geschrei und sackt lautlos in sich zusammen. Keiner von uns wagt, sich ihm zu nähern, während sein nun allein übrig gebliebener Kamerad auf der anderen Seite des Fahrzeugs zunächst nichts von seinem Unglück ahnen kann. Denn der Erschossene hängt mit halbem Körper auf der Innenseite der Einstiegsluke und ist seinem Blickfeld deshalb für den Augenblick zumindest entzogen. Erst als er nach und nach erkennt, dass er allein das gegnerische Feuer erwidert und auf seine Rufe niemand mehr antwortet, muss ihm seine verzweifelte Lage klargeworden sein. Jedenfalls rollt er sich plötzlich unter seinem Jeep her zu uns herüber, reißt sich seine Uniform vom Leibe, so gut es in seiner geduckten Stellung möglich ist, und wirft sie im hohen Bogen den Abhang an der anderen Straßenseite hinunter. Ironischerweise wird sogar der Stoffballen noch im Fluge von Schüssen durchsiebt.

Nur noch vereinzelt fallen Schüsse in unsere Richtung. Und als hätte sie nur auf diesen Augenblick gewartet, springt die Professorin auf und läuft unter erbarmungswürdigen Verzweiflungsschreien gestikulierend zu dem zweiten Jeep zurück, wo sie ihren Mann ver-

muten muss. Unser Soldat rennt ihr sofort in gebückter Haltung nach, wobei seine hellblaue Unterwäsche
eine absurde Signalfarbe abgibt. Einige Zeit später, als
wir Zurückgebliebenen uns nach und nach vorsichtig
aufrichten, um das Geschehen um uns besser wahrzu-
nehmen, stößt auch der restliche Teil unserer Leidens-
genossen wieder zu uns, und zwar wundersamerweise
ebenso unverletzt wie wir.

Der Professor scheint das Ganze besser überstanden zu haben als seine Frau, die sich nun hysterisch
schluchzend an ihn klammert. Erst jetzt fällt mir auf,
dass er in Boxershorts dasteht und dass auch der SLA-
Soldat nicht mit ihm und seinem Assistenten zurück-
gekommen ist. Offenbar hat er in den Kleidern des
Professors auf eigene Faust die Flucht versucht. Der
Professor selbst äußert sich jedoch mit keinem Wort
zu dem Vorgang, übrigens auch später nicht.

Er schildert uns allerdings, während er mühsam um
Atem ringt, in angestrengt hervorgestoßenen Stich-
worten, wie die beiden Soldaten des zweiten Fahrzeugs
ums Leben gekommen sind, als sie unter und hinter
dem Jeep her die Positionen der Angreifer unter Feuer
genommen haben und dann bei dessen Explosion wie
brennende Fackeln in die Luft geschleudert wurden.
Sein Fahrer, der als Einziger von uns die Ruhe bewahrt
hat, lässt es sich nicht nehmen, die grausigen Einzelheiten bis ins Detail nachzukarren, als wenn es dessen noch bedurft hätte. Ohnehin hört niemand mehr
richtig hin, denn wir beobachten inzwischen wieder
Spiegellichtmorse von den Hügeln herunter und war-

ten in unwillkürlicher Duckstellung auf das, was als Nächstes auf uns zukommen würde.

Bob hat inzwischen mit dem Fahrer des Professors die Leiche des toten Bauern an die innere Straßenseite in den spärlichen Schatten seines eigenen Weinstocks gelegt und eine angewehte schmutzige Plastiktüte über seinen Kopf gebreitet, an beiden Seiten mit Feldsteinen festgehalten.

Diese Szene unterscheidet sich im Augenblick sonderbar wenig von meinen häufigen Bemühungen, auf der Straße tot gefahrene Tiere vom Asphalt aufzuheben und im grünen Schatten angrenzender Randbewachsungen der Natur zurückzugeben.

Aber es ist auch kaum der Moment, darüber lange zu reflektieren, denn genau über dem Hügel, von dem hinunter die Morsezeichen gegeben wurden, tauchen drei israelische Hubschrauber auf, die wenige Augenblicke später nicht weit von uns auf der Straße niedergehen. Etliche unter Waffen fast schon verborgene Soldaten springen heraus und rennen, nach allen Seiten sichernd, auf die gebombten Kettenfahrzeuge zu, zunächst ohne uns weiter zu beachten. Dabei rufen sie einander für mich unverständliche Wortbrocken zu. Fast zeitgleich erscheinen an der oberen Straßenwende zwei RPG-montierte Jeeps, die sich uns schnell nähern. Kaum bei uns angekommen, erfolgt ein Verständigungsaustausch in englischer Sprache zwischen den Jeepfahrern und den israelischen Soldaten aus den Hubschraubern. Gleich darauf werden wir unter drohendem Geschrei aufgefordert, in die Jeeps zu steigen. Und auf geht's in atemberaubendem Tempo die Anhöhe hinauf und hinter der Hügelkette hinunter in ein weites Tal, über dessen romantische Schönheit in den langen Schatten der späten Nachmittagssonne man sich in einem Augenblick touristischer Muße hätte begeistern können.

Der Professor und seine Frau halten sich während der Fahrt eng umschlungen, wie um die Realität auszuklammern. Nur Bob, vorrangig beschäftigt mit seinem schmerzenden Auge, und der Fahrer des Professors nehmen die halsbrecherische Fahrt einigermaßen gelassen hin und erklären mir, unterbrochen vom Fahrgerüttel, dass wir uns nun in der Gewalt der Südlibanesischen Armee (SLA) befinden, die mit den israelischen Besatzern dieses libanesischen Grenzstreifens kollaborieren.

Am Eingang eines größeren Dorfes, dessen Silhouette von einem für die Gegend imposanten Kirchenbau dominiert wird, passieren wir, ohne aufgehalten zu werden, eine SLA-Straßensperre. Dann geht es in rasender Fahrt die leicht ansteigende Hauptstraße hinauf zu einem wunderschönen Verwaltungsgebäude in arabischem Baustil mit weitem Vorhof, der mit riesigen Steinquadern ausgelegt ist.

Hier haben sich offenbar etliche Dorfbewohner zu einem abendlichen Plausch zusammengefunden. Ein Bild wie aus den Kupferstichszenen jener faszinierenden jahrhundertealten Reiseberichte von den ersten europäischen Reisenden in dieser Gegend. Auch hier würde ich bei einer weniger problematischen Gelegenheit mit Wonne stundenlang verweilen mögen.

Wieder haben die SLA-Soldaten ihre Fahrzeuge abrupt zum Stehen gebracht, ein Vorgang, bei dem wir wiederholt in Gefahr geraten, aus unseren nicht eben komfortablen Sitzbänken gerissen und auf die Straße geschleudert zu werden. Diesmal holen sie Verstärkung zu unserer Bewachung, zwei weitere Soldaten, von denen einer durch seine ungeheuren Ausmaße auffällt, in Höhe wie in Breite, alles unter einem schweren, fast haarlosen Kopf mit allerdings beachtlichem Schnurrbart.

Dieser besteigt denn auch den uns folgenden Jeep und wirft sich auf den Platz neben dem jungen Mädchen, wobei das Fahrzeug sich mit deutlicher Schlagseite tief auf die Straße senkt. Schon geht es in rasender Fahrt wieder weiter, unter den Blicken der sonst offenbar ziemlich teilnahmslosen Dorfbevölkerung. Eine abschüssige Hügelstraße hinunter, hinter der sich unweit die hässliche Silhouette eines lang gestreckten schmutzig grauen Betonbaus verbirgt, den wir dann über eine stegartige Zufahrtsstraße erreichen. Zwei Wachtürme an der trostlosen Umzäunung des umfangreichen Komplexes verheißen in ihrer absurden Normalität nur allzu bekanntes Unheil.

Im tristen Innenhof des Gebäudes endet dann alles in Geschrei. Die Soldaten umringen sofort bei unserer Ankunft unsere Fahrzeuge, reißen uns schreiend fast gleichzeitig heraus, stoßen uns unter Geschrei in einen fensterlosen Raum und geben uns den Befehl, uns dort auf den Boden zu setzen und beileibe nicht miteinander zu reden.

Kaum haben wir uns mit Orientierung an unseren arabischen Reisebegleitern den Anweisungen gefügt, wird das junge Mädchen ausgesondert und von dem Hühnen, der zuvor neben ihr gesessen hat, aus dem Raum geführt. Sie wirft dem Professorenehepaar, das weiterhin in enger Umarmung den Vorgängen zu trotzen versucht, einen herzzerreißenden Blick hilfloser Verzweiflung zu, und es scheint mir, als wimmere sie leise.

Der Fahrer des Professors gestikuliert mit unseren Bewachern in einer Art von Körpersprache, die ihn plötzlich in den Mittelpunkt der allgemeinen Aufmerksamkeit rückt.

Allerdings hat er noch kaum zu sprechen angesetzt, als er von dem hinter ihm stehenden Soldaten hochgerissen und mit einigen dumpf klatschenden Nackenschlägen zu einem grauen Bürotisch gestoßen wird, der schief in einer Ecke des Raums steht und auf den er sich setzen muss. Bemerkenswert kaltblütig hat er die Misshandlungen hingenommen, offenbar daran gewöhnt, dass sie in solchen Situationen einfach dazugehören. Während er sich mit seiner linken Hand den Hals hält, als wolle er diesen besonders schützen, nutzt er die Rechte zu einer Art hinführender, erklärender Beruhigungsgestik, die ihre Wirkung nicht zu verfehlen scheint.

Es beginnt nun ein Palaver, bei dem sich die Fronten jedoch nie verwischen; hier die durch ihre Übermacht psychologisch noch zusätzlich bestätigten Gefängnisbewacher, dort der gewiss aus seiner unterdrückten

Angst heraus übermäßig gesprächige Fahrer, der aber durch seine selbstbeanspruchte Sprecherrolle für uns andere auch ein Quäntchen begründeter Autorität geltend machen kann.

Der Professor hingegen macht Anstalten, als sein Arbeitgeber das für ihn abstruse Geschehen nun seinerseits beeinflussen zu wollen, wohl um es nach seiner Auffassung von Vernunft in rationalere Bahnen zu lenken und letztendlich sein Schicksal selbst zu bestimmen. Aber er hat die Rechnung ohne den Wirt gemacht. Palaver ist ein Hauptvehikel zwischenmenschlicher Beziehungen im Orient, und da hat sein Fahrer in dieser Umgebung nicht nur in sprachlicher Hinsicht eine deutliche Vormachtstellung. Man übersieht den Professor einfach, indem man glasig durch ihn hindurchschaut und sich sichtlich interessiert den Ausführungen seines Fahrers überlässt. Seine schmachtende Ehefrau, die sich in unverkennbarer Hilflosigkeit an ihn klammert, nimmt ihm noch den letzten Rest von Autorität in dieser Situation.

Unsere Hilflosigkeit, wiewohl durchaus eine nicht zu leugnende Tatsache, ist im Augenblick nur noch durch Chuzpe zu konterkarieren, wenn sie nicht im Gegenteil Opferbereitschaft signalisieren und damit die Grausamkeit unserer Bewacher noch verstärkt herausfordern soll. Deshalb fahre ich die sichtlich zitternde Frau an: »Jetzt machen Sie die Sache für uns alle nicht noch schlimmer! Und reißen Sie sich gefälligst zusammen!« Eigentlich möchte ich, einmal in Fahrt, gerade fortfahren, als einer der Männer hinter mir mich mit einer ungeheuren Ohrfeige zum Schweigen bringt. Es reißt mir fast den Kopf ab.

Ich ducke mich reflexhaft nach vorn und vergrabe meinen Kopf unter den Händen. Schon spüre ich den Griff meines Peinigers in meinen Haaren, als er versucht, meine Hände auseinanderzubiegen, höre aber gleichzeitig den gebrüllten Befehl eines anderen Milizsoldaten, der dieser Aktion zunächst ein Ende bereitet. Gleichzeitig gibt er Anweisung, mich von den Mitgefangenen zu trennen und aus dem Raum zu bringen.

Sofort werde ich hochgerissen und wie eine Quantité négligeable aus dem Raum nach draußen befördert und dort buchstäblich in den Staub geworfen, mit dem Gesicht nach unten, wobei mein Nasenbein verdächtig knackt. Mir geht es jedoch im Moment vor allem darum, meinen Brustbeutel mit der versteckten Kamera nicht zu verlieren, und ich halte ihn krampfhaft an meinen Bauch gedrückt, vor meinem Peiniger verborgen. Danach werde ich in ein kleines Verlies gestoßen, ungefähr zwei mal drei Meter groß, dessen Tür sich mit ohrenbetäubendem Krachen hinter mir schließt. Ein eiserner Riegel wird offenbar von außen vorgeschoben, ein Geräusch, das mir gleichzeitig das Gefühl der Hilflosigkeit wie auch einer immerhin kurzfristigen Atempause vermittelt.

Von draußen klingt das Geräusch der sich entfernenden Schritte eines Wachsoldaten. Dann – »Aiwa, ja, ja!« – die quäkende Stimme einer offenbar älteren Frau, ein Schlurfen genau vor meiner Tür und ein dumpfes Geräusch. Irgendjemand hat sich scheinbar vor die Tür gesetzt und drückt nun mit seinem Körpergewicht von außen leicht dagegen.

Als ich mich aufrichten will, verspüre ich einen stechenden Schmerz in meinem rechten Knie. Äußerlich ist nichts festzustellen. Offenbar ist es auch nicht gebrochen, obwohl ich nur mit Mühe auf dem Bein stehen kann. Ich versuche es mit Massage, aber in der folgenden Viertelstunde schwillt es ziemlich stark an und beginnt auch in bewegungslosem Zustand zu schmerzen. Zum ersten Mal verspüre ich Angst, denn in einer solchen Situation wie der augenblicklichen ist physische Stärke unerlässlich. Und bei dieser Überlegung eröffnet sich mir zum ersten Mal aus eigener Perspektive die Kausalität von Folter. Ich fühle mich zum ersten Mal unglücklich, furchtsam und auswegslos allein.

Draußen tut sich derweil das Übliche: Schritte, Befehle, Anfahren und Abfahren von diversen Motorfahrzeugen, nichts, das speziell mich zu betreffen scheint. Einmal schreckt mich das Geschrei eines erkennbar verwundeten Mannes auf, der von Wachsoldaten offenbar getragen und getröstet wird, einer der ihren demnach. Und während ich, an die rohe Steinwand meines Gefängnisses gelehnt, den Raum wieder und wieder erwartungsgemäß vergebens nach irgendwelchen Schwachstellen absuche und dabei darauf vorbereitet bin, wieder herausgeholt zu werden, wehre ich mich erfolglos gegen eine unzeitige Müdigkeit und falle nach und nach in einen träumeverschreckten Schlaf. Irgendwann werde ich kurz geweckt vom Kreischen der Türscharniere, jemand fällt in der Dunkelheit neben mir auf den Boden, der Türriegel knarrt, schwere Tritte entfernten sich. Da von dem Menschen neben mir außer abgehackten Atemzügen nichts weiter zu vernehmen, geschweige denn zu sehen ist, übermannt mich wieder der trostlose Schlaf, während mir die Kälte des Bodens in die Glieder kriecht.

Dann weckt mich das Weinen. Ein dünnes, krampfhaftes Weinen, stoßhaft und dann wieder minutenlang unterbrochen. In dem grauen Licht, das durch etliche Spalten der Kerkertür fällt, erkenne ich in dem wimmernden Bündel neben mir das junge Mädchen. Es liegt mir abgewandt, mit seinen langen Gliedern wie vor Schmerzen verkrümmt, in der äußersten Ecke des Verlieses, ein einziges Bild des Jammers, in einer Anhäufung von Blättern und Schmutz, den irgendjemand dorthin gekehrt haben muss.

»Ihnen verdanke ich doch diesen ganzen Irrsinn! Wenn Sie nicht aufgetaucht wären gestern mit Ihren Problemen, wäre ich jedenfalls jetzt nicht hier!«, schreit sie mich plötzlich an.

Ich überlege mir, ob ich überhaupt darauf antworten soll. Die Defensive ist mir seit jeher schon immer wesensfremd gewesen. Für Angriff aber scheint mir der Zeitpunkt ebenso schlecht gewählt, und so lehne ich mich wortlos zurück an meine kalte Wand, deren roh behauene Steine mir in den Rücken drücken.

Draußen sind inzwischen schwere Tritte zu hören, Gesprächsfetzen von Bewachern, die ich nicht in Zusammenhang bringen kann, dann kreischt wieder die

Tür in ihren Angeln, die alte Frau von gestern schiebt uns einen Aluminiumuntersatz mit Fladenbrot und einer Handvoll Oliven ins Verlies und gleich darauf noch eine Flasche Wasser. Dann lässt sie die Tür unter dem ohrenbetäubenden Wehgeschrei ihrer Angeln wieder zufallen und verriegelt sie von außen.

»Pass mal auf, meine Gute«, sage ich schließlich zu dem jungen Mädchen mit einem gewissen warnenden Unterton, »ich bin hier nicht der böse Feind. Die Diskussion über die Schuldfrage hilft uns nicht, mit diesen Teufelsschergen fertigzuwerden und aus diesem Loch wieder herauszukommen. Da gibt es einzig und allein nur List und Tücke, und zusammen schaffen wir es eher als getrennt. Komm, lass uns ein bisschen was essen von diesem Zeugs hier. Ich esse nur das Brot, du kannst die Oliven alle dazuhaben.«

»Ich werde verrückt, wenn ich jetzt ans Essen denke«, schaudert das junge Mädchen. »Höchstens das Wasser, aber sauber sieht das auch nicht aus.«

Ich begutachte die Flasche, die in der Tat als nichts weniger als sauber zu bezeichnen ist, allerdings scheint ihr Inhalt davon nicht betroffen zu sein.

»Ein paar vorsichtige Schlucke vielleicht«, schlage ich vor. »Wer weiß, wann wir überhaupt wieder was zu trinken kriegen.«

Das Mädchen beobachtet mit deutlich zur Schau getragenen Abscheu, wie ich aus der Flasche trinke, indem ich sie nach Beduinenart hoch über meinem geöffneten Mund halte und das Wasser vorsichtig da hineintröpfeln lasse, um den Flaschenhals nicht zu berühren.

Ihre Ablehnung dieser eigentlich genialen Gebrauchslösung trifft bei mir zwar auf einiges Unverständnis, ich halte mich aber dennoch in diesem Punkt zurück und schlage stattdessen vor, dass wir darüber nachdenken sollten, was wir machen, wenn uns gleich jemand holen kommt.

Das Mädchen greift nach den Oliven. Endlich!

»Dieses Professorenehepaar«, fragte ich das Mädchen, »sind die beiden irgendwie mit dir verwandt?«

Sie antwortet zunehmend gesprächsbereiter, dass er ein Vetter ihrer Mutter sei. Beide seien Kanadier und lehrten an der Amerikanischen Universität Beirut Phytobiologie. Sie würden außerdem die ESCWA[5] bei deren Entwicklungsprogrammen für erneuerbare Energie beraten, diese sei in der Tat in den arabischen Ländern hoch angesehen und hätte eine ganze Reihe renommierter Experten auch im Libanon. Das erklärt für mich natürlich auch die Sonderbehandlung des Professorenehepaars seitens der SLA, von der ich optimistischerweise ausgehe.

Für mich und Bob wird es jetzt aber lebenswichtig, mir schnellstens eine ebenso wirkungsvolle Legende auszudenken. Eine weitere Stunde vergeht, in der sich trotz innerer Gegenwehr mein Angstpotenzial in Stellung bringt, gegen das, was nun kommen könnte.

Erwartungsgemäß werde ich kurze Zeit später wieder in das lang gestreckte Gebäude geführt, in dem ges-

---

5 ESCWA: United Nations Economic and Social Commission for Western Asia.

tern auch die erste Vernehmung stattgefunden hat. Mein Bewacher stößt mich vor sich her in einen kleinen Raum mit einem unvergitterten Fenster und weist mich an, mich auf einen der schmutzigen weißen Plastikstühle zu setzen. Er bleibt im Türrahmen stehen, wobei er keinen Blick von mir lässt. Kurz danach nähern sich draußen vielzählige Schritte und vier Milizionäre schieben einen fürchterlich zugerichteten Bob durch die Tür in den Raum hinein, schaffen ihn irgendwie auf den Stuhl neben mir, ohne jegliche Mithilfe seiner selbst. Er wäre wohl auch gar nicht dazu in der Lage gewesen. Sein Gesicht ist blutig angelaufen, und ohne seine Brille versucht er aus dick angeschwollenen Lidern gegen das einfallende Tageslicht zu blinzeln, um sich zu orientieren. Ich fasse ihn leicht am Arm und rufe leise seinen Namen, wie um ihn zu beschwichtigen und eine Art Normalität zu signalisieren aus der Tatsache, dass wir jetzt wieder zusammen sind. Als Bob den Kopf zu mir dreht, brüllt einer seiner Aufpasser, er solle stillsitzen, stellt sich vor ihn, umfasst Bobs Kopf mit seiner prankenartigen Hand und schlägt ihn mit Macht gegen sein hochgerissenes Knie. Bob stöhnt, schließt die Augen und sinkt in sich zusammen. Dabei bemerke ich erst, dass er hinterrücks gefesselt ist.

In der Zwischenzeit hat ein anderer Milizionär durch die Nebentür Meldung gemacht. Umgehend erscheint ein rundlicher, in Zivil gekleideter Typ mit Stiernacken und baut sich vor uns auf. Nach einem Blick auf Bob scheine ich ihm für den Augenblick jedenfalls die geeignetere Ansprechpartnerin zu sein, und so brüllt er in arabischer Sprache auf mich ein und lässt mir dabei den Vorteil des legitimen Unverständnisses. Höflich antworte ich ihm in Französisch, immerhin die offizielle zweite Landessprache des Libanon , dass ich überhaupt nichts verstanden habe. Und plötzlich wird auch er höflicher. Die französische Sprache hat auf Nichtfranzosen eine erstaunlicherweise immer wieder festzustellende, zumindest kurzfristig zivilisierende Wirkung. Er fragt mich in fließendem Französisch, was mich in diese Gegend gebracht hat.

Da ich weiß, dass die Milizen mit Sicherheit unsere Identität mittlerweile kennen, da sie unsere verlassenen Autos und also auch in den dort hinterlassenen Taschen unsere Papiere längst gefunden haben müssten, können mir wahrheitsgemäße Angaben jetzt nur nützen. So erkläre ich meinem Gegenüber, der sich auf einem der Stühle niedergelassen hat, so weitschweifig wie möglich meine Aufgabe als Auslandskorrespondentin. Dabei versuche ich ihn mit einzubeziehen in die Wichtigkeit einer solchen Pressearbeit, womit ich nach kurzer Zeit seine volle Aufmerksamkeit gewinne. Als ich ihm gerade unterschwellig suggeriere, dass nun auch er selbst eine wichtige Rolle hätte bei der Beschaffung von Informationen, die für die europäische Öffentlichkeit von immenser Bedeutung wären, fällt mein Blick zufällig auf Bob. Zu meinem Erschrecken bemerke ich, dass ihm ein blutiges Rinnsal aus beiden Mundwinkeln tritt und in dünnen, fadenähnlichen Spuren das Kinn und den Hals hinunter in den

Kragen rinnt. Dann sinkt er plötzlich ohne weitere Vorwarnung in sich zusammen und verliert offenbar das Bewusstsein. Dabei neigt er sich langsam vornüber und wäre unweigerlich vom Stuhl gefallen, wenn mein Gegenüber nicht aufgesprungen wäre, um ihn in den Stuhl zurückzudrücken.

Dann blickt der Kommandant, der kurzfristig zu uns zugestoßen ist, in eher gespielter Entrüstung von einem Bewacher zum anderen und fragt in demonstrativ drohendem Unterton, warum man Bob so zugerichtet habe. »Schließlich sind wir ein demokratisches Land und respektieren die Presse.«

Die Kerle sind offenbar solche Kehrtwendungen gewohnt und antworten unter Achselzucken, dass Bob sie angegriffen habe. In der Erinnerung an ähnliche Ausreden anlässlich eines Disputs bei der belgischen Grenzabfertigung vor etlichen Jahren, als gleich sechs belgische Grenzbeamte sich bereit erklärt hatten, unter Eid auszusagen, ich hätte einen von ihnen gebissen, gelingt mir die beabsichtigte Bezeugung von Empörung jetzt nach meinem eigenen Eindruck nicht sonderlich überzeugend.

»In diesem Fall«, bekräftige ich die Bestätigung des Kommandanten , »ist es sogar noch Ihre eigene Presse. Der Mann ist Chef vom Dienst bei einer der wichtigsten Zeitungen dieses Landes.«

Dann insistiere ich nicht länger auf diesem Punkt, weil mir einfällt, dass diese Leute hier das englischsprachige Magazin, für das Bob tätig ist, garantiert nicht lesen können. Und die Presseprophe ten gelten in den Entwicklungsländern nun mal nichts, außer unter ihresgleichen.

Ich habe mich so ein bisschen warmgeredet, deshalb hole ich gleich weiter aus: »Wenn ich über das deutsche Staatsfernsehen verbreite, dass Sie hier Ihre Presseprominenz einfach so nach Laune zusammenschlagen dürfen, wird das Ihr Land in der westlichen Welt in eine ziemlich düstere Ecke stellen. Soweit ich informiert bin, bangen Sie hier doch um jeden einzelnen Touristen. So ein Bild von Bob hier in der westlichen Presse, und Sie können Ihren Tourismus auf Jahre hinaus vergessen.« Das mit der westlichen Pressereaktion war jedenfalls übertrieben – leider!

»Also im Augenblick, Madame«, donnert der Kommandant los, aber immerhin signalisiert die höfliche Anrede eine deutliche Aufwertung wenigstens schon mal meiner eigenen Person, »im Augenblick wollen wir überhaupt keine Touristen hier haben. Das würde alles nur verkomplizieren, und die Touristen, die sich jetzt zu uns verirren, sind von der Art, auf die wir gern verzichten.«

»Das mag vielleicht für Ihre SLA-Enklave hier gelten«, entgegne ich mit neu gewonnenem Selbstbewusstsein, »aber nicht für den restlichen Libanon.«

Der Mann blickt mich eher verdutzt denn wütend an und wendet sich an seine Wachmannschaft. »Bringt den Mann auf die Krankenstation!«, brüllt er. »Und dass ihn mir keiner mehr anrührt!« Und zu mir gewandt, fragt er nun in gelungener Höflichkeit, ob ich mit ihm zu Mittag essen wolle. Ich hätte fast das

Gleichgewicht verloren, als er mich am Arm fasst, um mir beim Aufstehen behilflich zu sein. Dies und der Anblick von Bob, wie er zwischen zwei Wachmännern aus der Tür geschleift wird, den Kopf nach vorn gefallen und mit durchhängenden Beinen, deren Knie schon den Boden berühren, das verursacht in mir ein kribbelndes Unbehagen wie vor einem Abgrund, vor dem ich ins Straucheln geraten bin.

Im Nebenzimmer sieht es nicht sauberer aus als im ersten Raum, das Radio plärrt unbeirrt in den Kreischtönen einer unsauberen Einstellung, und auf dem grauen Schreibtisch, Requisit offenbar aus einer libanesischen Amtsstube, quellen Hunderte von Zigarettenstummeln aus einem weißblechernen Aschenbecher und verteilen sich bis in die Aktenstöße links und rechts.

Der Kommandant bittet mich auf einen festen, kunstlederbezogenen Stuhl und schickt sich an, einen kleinen grauen Beistelltisch von den Überresten einer früheren Mahlzeit zu säubern, als mir einfällt, dass mein neu gewonnener Normalstatus vielleicht auch auf das junge Mädchen reflektieren könnte.

»Sagen Sie, Commander, das heißt, falls ich Sie so richtig tituliere?« Und das zur Bestätigung abgehackte Nicken meines Gastgebers ermutigt mich fortzufahren: »Was ist mit diesem Mädchen, das in meiner Zelle liegt? Sie behauptet, gestern Abend zusammengeschlagen worden zu sein. Gehört das auch zu den demokratischen Gepflogenheiten Ihres Landes?«

Ich erwarte zwangsläufig Gebrüll, aber der Mann wechselt seinen Gesichtsausdruck wie auf Knopfdruck von »Sturm« auf »bedeckt« und macht eine Geste der Belanglosigkeit. »Auf jeden Fall bringt die Sache Sie in ein schlechtes Licht, denn das Mädchen hat allerhöchste Verbindungen zur UNO«, fahre ich fort.

Irritiert haut der Kommandant auf sein Radio, um es abzustellen, aber der Mechanismus blockiert und verstärkt stattdessen den Ton noch um ein paar Dezibel. Bis er sich entschieden hat, ob er das Ding nun in die Ecke schleudern oder lieber Geduld für die Technik aufbringen will, entschärft sich die Situation im Raum ein wenig und er entscheidet sich schließlich für die zweite Variante, mit entsprechendem Erfolg. Es folgt ein kurzes Gespräch mit einem Wachsoldaten und wenig später wird das junge Mädchen aus meiner Zelle hereingeführt.

Die Strapazen der Nacht sind ihr deutlich anzusehen. Das Gesicht ist immer noch geschwollen, und über dem auf der linken Seite blutverkrusteten Mund zeichnen sich Kratzspuren ab. Sie setzt sich in das Licht der einfallenden Sonne, die das verweinte Blau ihrer Augen in Wassergrün verändert, und starrt auf die duftenden und dampfenden Thymianbrote auf einem Tablett, das ein Wachsoldat zusammen mit einer Schale Quark, einem Teller mit geschnittenen Tomaten und einem Glasschüsselchen voller Oliven vor uns aufbaut.

Kurz darauf kommt er noch einmal mit einem kleineren Tablett, auf dem neben einem zweifelhaft sauberen Besteck ein paar Teegläschen stehen, daneben eine unverhältnismäßig große Zuckerdose und eine dieser typischen Teekannen, wie sie in fast allen Nomadenzelten dieser Erde gebräuchlich sind. Alles in allem das augenscheinlich obligatorische Mahlzeitritual dieser Gegend hier, denn schon bei den Hisbollah-Guerillas haben wir kaum etwas anderes bekommen. Jetzt aber steigt mir das bescheidene Angebot wie das üppigste Festmahl ganz und gar unwiderstehlich in Augen, Nase und Gaumen.

Der Kommandant hat inzwischen eine ihm überbrachte Faxnachricht weggelegt, aber sein neuerdings etwas verschlagener Blick auch auf mich kann nur bedeuten, dass sie mit uns zu tun haben muss. Mit einer Handbewegung lädt er uns ein, uns zu bedienen, und das Mädchen ebenso wie ich greifen ohne weitere Umstände zu, denn wir sind inzwischen so ausgehungert, dass wir unsere anerzogenen Höflichkeitsprinzipien nur mit Mühe einhalten.

Jedenfalls ist der Kommandant so rücksichtsvoll, uns den nächsten Schrecken so lange zu ersparen, bis wir mit dem Essen fertig sind. Kaum haben wir uns aber gesättigt auf unseren Stühlen zurückgelehnt, als er seine Faxnachricht wieder aufnimmt und vor uns hin und her schwenkt. »Ich habe hier eine Nachricht von unserer allerhöchsten Befehlsstelle.« Dabei blickt er mit zusammengekniffenem Mund, aber nicht unbedingt unfreundlich zu uns.

»Von General L.?«, frage ich und erhalte ein bedeutungsvolles Nicken als Antwort. Ich kenne diesen

General, den Befehlshaber der SLA, nur aus Fernsehinterviews, aber ich muss jetzt zum Zwecke der Zeit-
gewinnung so tun, als gehörte er zu meinen guten Bekannten.

Der untersetzte, europäisch wirkende General hatte
meines Wissens sein Fähnlein in den Dienst des israelischen Besatzers seines Landes gestellt, nachdem dieser auf amerikanischen Druck hin seine Kriegsbeute
Libanon wieder verlassen musste, im Gegenzug für die
Einrichtung einer israelisch kontrollierten Pufferzone
entlang der libanesischen Grenzlinie, aber natürlich
auf libanesischem Staatsgebiet.

Der Kommandant blinzelt mich nun listig an, wie
aus einer abwartenden Duckstellung heraus. Er überlegt, ob ich nicht vielleicht doch ein größeres Kaliber
sein könnte, als er zunächst vermutet hat. »Sind Sie mit
unserem verehrten General näher bekannt?«, duck-
mäusert er in triefender Verschlagenheit.

»Ich habe ihn vor einigen Jahren einmal interviewt«,
antworte ich lässig – hier und jetzt jedenfalls ist diese
Notlüge unwiderlegbar.

»Wann soll das gewesen sein?« Die Tonlage des Kommandanten schaltet um auf geschäftsmäßig.

Ich bemühe mich, die meinige auf Beiläufigkeit zu
halten. »Liegt ziemlich zurück, irgendwann in den
späten Achzigern.« Ich blicke wie zerstreut aus dem
Fenster, während ich fieberhaft nach einer Antwort
suche auf seine nächste Frage, die ich schon erwarte.

»Bei welchem Anlass war das, erinnern Sie sich?«,
schießt sie mir entgegen, und: »War das vielleicht bei

der Verwundung des Generals bei der ersten großen Hisbollah-Attacke?«

Vorsicht! Warnpfeile schießen mir durch den Kopf – konkreten Fragen wie dieser gilt es immer auszuweichen, allzu leicht ist man versucht, sich an solche Fangfragen als vermeintliche Strohhalme zu klammern, nur um sich schlagartig der Lüge überführt zu sehen.

»Nein, es war irgendeine Kidnapping-Story. Wie hieß denn gleich noch der Kommandant, der damals dabei war?« Ich sinniere sichtbar angestrengt.

Der Kommandant fängt sich im eigenen Netz und überlegt mit. »Kommandant G.?«, fragt er mich, diesmal mit offenbar ehrlichem Interesse. »Oder vielleicht Kommandant A.? Gott habe ihn selig, der ist nämlich schon vor Jahren von diesen Verbrechern ...«, und dabei winkt er mit einer Kopfbewegung in eine undefinierbare Richtung, » umgebracht worden. Straßenbombe. Vier Jungs starben mit ihm, wie immer die besten.« Und mit drohendem Unterton: »Gott wird ihren Mördern das Leben abkürzen!«

So froh ich bin, den Fußangeln des Kommandanten entkommen zu sein, so sehr amüsiert mich wiederum der Fluch des Kommandanten. Dabei habe ich die unweigerliche Assoziation von Feldpredigern bei ihrer Segnung kampfbereit einander gegenüberstehender feindlicher Heere.

»Kommandant M.«, sinniere ich die Sache aus, »der Name klingt familiär, aber dann ...« Ich belasse es bei einem Seufzer. »Also wenn es um Namen geht, war ich immer schon eine komplette Idiotin.« Ich lächle den Kommandanten in hilfloser Gestik an, wie um mich vermittels dieser Selbstbezichtigung von jedem weitergehenden Verdacht zu absolvieren.

Das hätte ich vielleicht nicht tun sollen, denn diese Art der Verteidigung musste ihm geläufig sein – und seine Reaktion kommt sofort und signalisiert mir schlagartig meinen Fehler. »Für einen Journalisten unverzeihlich.« Dabei blickt er mich abschätzig an. »Sie kommen schon noch drauf, das kriegen wir schon hin!« Eine Versicherung, die einer Drohung gleichkommt.

Unter seiner unfreundlichen Musterung wage ich anschließend auch nicht mehr, nach einem der gebrochenen weißen Käsestücke zu greifen, so gern ich dies tun würde.

Schließlich ruft der Kommandant nach einem der zahlreichen Soldaten, der mich in das Vorzimmer zurückbringt, in dem ich allein mehr als eine Stunde verbringe, vertieft in planerische Gedankengänge des »Rette sich, wer kann«.

Allein käme ich hier mit meiner angestammten Chuzpe schon heraus, sinniere ich, aber was ist mit den anderen? Und was wäre, wenn der Kommandant herausbekäme, dass wir als Begleitung einer Hisbollah-Aktion aktiv gewesen sind? Bevor ich mir weitere Gedanken zu diesen Fragen machen kann, wird sie teilweise schon beantwortet, als Bob wieder in den Raum gestoßen wird. Dieser kann ohne seine Brille offensichtlich kaum etwas erkennen und tappt blind zu einer Sitzgelegenheit, wobei der Soldat ihm mit einem Tritt in die Kniekehlen »behilflich« ist. Bob wäre hingefallen, wenn ich nicht aufgesprungen wäre, um ihn aufzufangen. Als er sitzt, wird das Ausmaß der ihm inzwischen scheinbar noch zusätzlich angetanen Misshandlungen deutlicher sichtbar. Er ist schon vorher nicht eben ein Traummodell männlicher Schönheit gewesen, nun aber hängt er schief und in sich zusammengesunken auf dem schmutzigen Plastikstuhl, als wenn er nichts anderes wünschte, als in Ruhe gelassen zu werden. Seine Augen sind nicht mehr nur geschwollen, sondern auch noch blutunterlaufen, sein Mund nur noch eine blutige Wulstlandschaft, und auf dem haarlosen Teil seines Kopfes kann ich etliche kreisrunde Brandwunden erkennen, verursacht offenbar von Zigaretten, die man darauf ausgedrückt hat. Ich blicke den Soldaten hinter ihm empört an, aber das muss vorerst reichen als Protest, weil ich nicht ähnlich zugerichtet werden will wie Bob.

Der Kommandant erscheint wie gerufen in der Tür. Bobs Schicksal erfordert irgendeine schnelle Lösung, die mit anzunehmender Sicherheit nicht von dem Kommandanten kommen wird. Sein Codewort Krankenstation bezeichnet offenbar die Folterkammer. Hinzu kommt, dass ich nicht weiß, was mit dem Professor und seiner Frau, geschweige denn ihrem Fahrer geschehen ist. Ich merke, wie mir das Blut in den Kopf steigt. Alles könnte verloren sein, wenn nicht sofort etwas geschieht, um die Situation schlagartig zu unserem Vorteil umzudrehen.

Es ist ein Prälat, ein waschechter Prälat in langem Priestergewand, vielfältig geknöpft und umschlungen von einer rot gefütterten Schärpe, den Gott ganz unvermittelt an einem Bindfaden vom Himmel heruntergelassen hat, mitten in unseren Raum hinein auf die schmutzigen gelben Kacheln des Fußbodens. Da steht er, in immakulatem Schwarz gewandet und beschuht, Inbegriff der Fata Morgana, der vermeintlich rettenden Luftspiegelung, und doch zum Anfassen physisch greifbar, unter uns unterschiedlich Mühseligen und Beladenen, bevor ich noch Zeit gehabt habe, ein anständiges Stoßgebet zu diesem Himmel zu schicken. Wir schauen alle, Kommandant und Soldaten inbegriffen, vollkommen sprachlos auf diesen Boten einer anderen Welt, nur Bob hängt weiterhin wie ein Häufchen Elend auf seinem Stuhl – er hätte den Gottesmann ohnehin nicht sehen können.

Niemand hat ihn kommen hören, niemand hat ihn begleitet – so also sieht ein Wunder aus! Und ich muss es unter allen Umständen nutzen, bevor es verfliegt.

»Mein Vater!«, rufe ich ihn an, bevor der Kommandant sich noch gefasst hat. »Nur Gott kann Sie uns geschickt haben! Sie müssen uns helfen!«

Der Prälat tut nun etwas, das ich unter normalen Umständen lediglich mit Verwunderung bemerkt hätte – er legt mir seine Hand beruhigend auf den Kopf und sagte mild, aber bestimmt: »Dafür bin ich gekommen, meine Tochter.«

Ich hätte gern geweint vor Erleichterung, aber ich bin immer noch wie vom Donner gerührt. Ich ergreife seine Hand, bevor er sie wieder zurückziehen kann, und drücke sie an meine Stirn, als wollte ich sie nie wieder loslassen. Mir ist, als hätte sich unser schmutziges kleines Zimmer in Gottes grüne Auen verwandelt, und der Prälat ist der gute Hirte darin, der uns nun alle zum frischen Wasser und auf die rechte Straße führen würde.

Der hat zunächst aber anderes zu tun. Er tritt zu dem Kommandanten hin und drängt diesen zurück in sein Büro, wohin er ihm folgt, nicht ohne die Tür hinter sich fest zu verschließen. Draußen werden zwei weitere Männer im Priestergewand sichtbar, die sich anschicken, dem Prälaten zu folgen, nach einem kurzen Blick zu uns hinein aber davon Abstand nehmen und sich lieber draußen die Füße vertreten, bevor sie freiwillig unsere reichlich problematische Gesellschaft geteilt hätten. Der Wachsoldat und sein Folterkollege sehen einander wiederholt ratlos grinsend an, nur Bob gibt immer noch kein Zeichen von sich, dass er die veränderte Situation wahrgenommen hat. Es scheint mir vielmehr, als hätte er zeitweise das Bewusstsein verloren. »Bob, hey, Bob!«, rufe ich ihn an, weil ich nicht wage, aufzustehen und ihn anzurühren. »Ich glaube, wir sind gerettet. Das Schlimmste liegt hinter uns!« Eine Zuversicht, die ich erst einmal nicht beweisen kann, sondern nur im Bauch spüre, aber für Bob reicht sie offenbar nicht. Nichts reicht für ihn in diesem Augenblick – er dreht sich auf die Seite, fällt vom Stuhl auf den Boden, schlägt scheinbar zuerst mit dem Kopf hart auf und rührt sich nicht mehr.

Die Soldaten kümmern sich nicht um ihn, bedeuten mir aber unmissverständlich, dass ich meinem Reflex, ihm zu Hilfe zu kommen, besser nicht nachkomme. Ich aber, innerlich gestärkt durch die nahe Präsenz des Gottesboten, kümmere mich nicht um die Kerle und setze mich neben Bob auf den Boden. Aus dieser Position heraus versuche ich, Bobs Gesicht zu mir zu drehen, um seinen Kopf in eine Seitenlage zu bringen, damit er nicht womöglich an seiner Zunge erstickt. Es gelingt mir nur unvollständig, aber Bobs matte Kooperation beweist mir, dass er doch bei Bewusstsein sein muss. Derweilen bete ich inständig für das Wiedererscheinen unseres Gottesmannes.

Und weil Wunder, wenn sie denn wirklich geschehen, nicht mittendrin aufhören, erscheint unser Kommandant auch wenig später wieder unter seiner Tür und schnauzt seine Soldaten an, die sofort hinausrennen und uns ohne Bewachung zurücklasssen. Einige Minuten später kommen sie zurück in Begleitung des Professors und seiner Frau, beide unverletzt und im Vergleich zu uns anderen einigermaßen gut beisammen. Sie setzen sich auf die beiden frei gewordenen Stühle und blicken beide entsetzt, aber kommentarlos auf Bobs unbewegliche Gestalt zwischen uns. »Die wissen halt, wie man's richtig macht«, denke ich, verärgert über meine eigene Untugend der Einmischung, die mich immer wieder in die Höhle des Löwen katapultiert. Andererseits sind die beiden jetzt mit mir in derselben Höhle, und daran bin ich möglicherweise sogar selbst schuld. Jedoch sind Schuldzuweisungen jetzt wenig hilfreich, und so zwinge ich mich zur Konzentration auf die Hauptsache: irgendwie wegzukommen von der gegenwärtigen Vorstufe zu unserem Verderben.

Die Stimme des Kommandanten ist unterdessen lauter, aber demonstrativ freundlicher geworden. Der Prälat bleibt zwar bei seiner vorherigen Lautstärke, aber auch sein Ton verrät ein positives Ende ihrer beiden Besprechung. Noch unter der Tür schütteln sie einander die Hände, dann wenden sie sich uns zu. Die beiden Soldaten werden aus dem Raum geordert, dann geht der Gottesdiener auf den Professor zu, umarmt ihn vorsichtig und schüttelt auch seiner Frau lange die Hand, bevor er ihnen und auch uns erklärt, dass er von dem maronitischen Patriarchen des Landes beauftragt worden sei, uns alle so wohlbehalten wie möglich, dabei blickt er nachdenklich auf den reglosen Bob, in die Obhut seines geistlichen Herrn zu geleiten.

»Bob!«, rufe ich in Bobs geschwollenes Ohr. »Wir haben es hinter uns, Junge. Steh auf, wir sind frei!« Aber Bob regt sich nicht, er stöhnt nur leise, um zu signalisieren, dass er mich gehört hat. Noch ehe der Prälat sich nach dem Kommandanten umdrehen kann, brüllt dieser schon in vorauseilendem Gehorsam nach seinen Leuten. Diese bringen innerhalb weniger Minuten eine Krankentrage, werfen mehr als heben den hilflosen Bob darauf und tragen ihn hinaus zu den beiden Priestern, die sich auch sofort seiner annehmen.

Der Prälat spricht ein paar leise Worte zu dem Kommandanten, der offenbar gerade ansetzt, sich zu verteidigen, es dann aber bei einem vernehmlichen Schnaufen belässt, da sich der Prälat schon wieder von ihm abgewandt hat.

Wenig später sitzen der Professor und seine Frau zusammen mit dem Prälaten in dessen dreireihigem Luxusgefährt, dem ich in einem Sanitätswagen folge, in dem auch Bob auf seiner Trage untergebracht worden ist. Einziger Schönheitsfehler auf dieser nachmittäglichen, allerdings auch ruppigen Fahrt durch oftmals raues Gelände ist, dass unser Fahrer und wahrscheinlich auch unser Sanitätsgefährte der Miliz angehören, die uns eben noch in ihrer Gewalt hatte. Der Fahrer flucht zu allem Überfluss jedes Mal, wenn er meiner oder Bobs ansichtig wird. Und das ist offenbar nicht zu verhindern, da er meint, sich alle paar Minuten nach uns umdrehen zu müssen, um einen eventuellen Fluchtversuch unsererseits zu vereiteln. Bob scheint es nicht zu kümmern, obwohl er zunehmend wieder zu Bewusstsein kommt und irgendwann auch begriffen hat, dass wir auf der Fahrt in die Freiheit sind.

Später erst, im grandiosen Patriarchensitz hoch über der Hafenstadt Jounie, erfahren wir, was zu unserer wundersamen Errettung geführt hat: Instrumental für unsere Befreiung war der Assistent des Professors, der von den Milizen noch am Abend unserer Festnahme freigelassen wurde. Denn es hatte sich bei seinem Verhör herausgestellt, dass er einer der Großfamilien in ihrem Operationsgebiet angehört, die selbst auch Milizen gestellt hatte. Auch der Fahrer des Professors hatte nicht lange auf seine Freilassung warten müssen – offenbar ist auch er verbrüdert, verschwägert oder sonst wie versippt mit unseren Schergen.

Beide hatten bei ihrer Rückkehr alle Hebel in Bewegung gesetzt, um ihren Chef und die beiden Frauen so schnell wie möglich freizubekommen. Sie hatten auch, einigermaßen ungläubig, ob unsere Story wirklich stimmt, den »Orient Observer« davon in Kenntnis gesetzt, dass zwei seiner Mitarbeiter von den SLA festgehalten werden. Bobs Zeitungsverleger hatte, wie es sich für seine Zunft gehört in diesem Land, wenn sie sich zum christlichen Lager rechnet, sehr enge Beziehungen zum maronitischen Patriarchen, der daraufhin seinen Prälaten in Marsch setzte, um uns in seine Obhut zu überführen. Der General L., dessen Milizen sich mehrheitlich der maronitischen Glaubensminorität zurechnen, wollte es sich seinerseits um keinen Preis mit dem Patriarchen verderben und gab Order, uns freizulassen. Ich wollte lieber keinen Blick zurück wagen, um mir vorzustellen, was mit uns geschehen wäre, wenn wir keine Verbindung in diese verblüffend einfach strukturierten, aber omnipotenten oligarchischen Machtstrukturen des Landes hätten aktivieren können.

Schon im Hof der Residenz des Patriarchen wird Bob in einen Krankenwagen des libanesischen Roten Kreuzes umgeladen und in Begleitung des Copyeditors vom »Orient Observer«, der schon stundenlang auf uns gewartet hat, ins Amerikanische Universitätshospital überführt.

Ich werde ins Antichambre des Patriarchen geleitet, wo sich schon das Professorenehepaar befindet, zusammen mit dem jungen Mädchen, vor sich jeweils ein kleines Supporttischchen mit den üblichen Erfrischungsgetränken und einem Tellerchen Obst. Der Prälat ist nicht zugegen, dafür aber ein halbes Dutzend Priester, von denen einer, ein hochgewachsener, landläufig gut aussehender Pater auf mich zukommt, sich als Sekretär des Patriarchen vorstellt und mich so freundlich begrüßt, wie es seiner offenbar vorsichtigen Natur entspricht, und mich zu meiner Freilassung beglückwünscht. Seine stechenden kleinen, sonderbar schwarz umrandeten Augen wiederholen indes das Lächeln nicht, das seinen Willkommensgruß begleitet.

Er winkt nach Erfrischungen auch für mich, weicht aber nicht von meiner Seite und beginnt, während ich mich wie ausgehungert erst einmal über das Obst hermache, mit einer Konversation, die zeitweise auf eine hochnotpeinliche Befragung hinausläuft. Ich werde immer einsilbiger und konzentriere mich statt dessen darauf, das Interieur der Halle zu betrachten, das von ehrfurchtgebietender Pracht in vornehmlich tiefen Rottönen bestimmt ist.

Der Pater neben mir bemerkt meine Unaufmerksamkeit auf seine Ausfragereien und steigert noch seinen Ton, anstatt höflich davon abzulassen. Ich beginne

mich irritiert zu fragen, ob und warum ich mich verpflichtet fühlen sollte, sein Verhör überhaupt mitzu-
machen, halte mich dann aber an die journalistischen
Regeln, mit vielen Worten möglichst wenig Information zu vermitteln, und bemühe mich, so gut ich kann,
um eine liebenswürdige Haltung meinem Inquisitor
gegenüber.

Dieser aber lässt sich von jemandem wie mir nicht
eine Sekunde lang täuschen. Je freundlicher ich ihn
bei aller vorgegebenen Abgelenktheit anlächle, desto
weniger lächelt er nun zurück. Zweifellos misstraut er
mir irgendwie in jeder Hinsicht.

Eine gute halbe Stunde später öffnet sich eine der hohen
Flügeltüren und herein schreitet unser Prälat, der mich
in großer Herzlichkeit begrüßt. Ich spüre, wie Tränen
der Erleichterung in mir hochsteigen und schäme mich
ihrer nicht. »Für mich haben Sie fortan immer einen
Heiligenschein, Hochwürden«, versuche ich zu scherzen. »Ohne die Kirche geht es eben doch nicht. Das hat
sich bei diesem Anlass wieder deutlich gezeigt. Unsere
Zunft sollte vielleicht häufiger für ihren Erhalt beten.«

»Beten nicht nur«, spaßt der Prälat wohlwollend zurück und schiebt mit der linken Hand etwas verlegen
sein Käppchen zurecht, »aktive Unterstützung für
unsere Sozial- und Öffentlichkeitsarbeit wäre ebenso
hilfreich wie willkommen. Da vermissen wir die
Presse schmerzlich.« Dabei wird er wieder ernst. »Die
Menschen gehen allzu nachlässig mit den Werten um,
die unsere Kirche seit zwei Jahrtausenden vermittelt,

aber sie vergessen, dass es dafür keine Alternative gibt. Die westlichen Gesellschaften werfen leichtfertig etwas über Bord, für das sie niemals einen Ersatz finden werden. Sie und Ihre Kollegen sollten hie und da bei ihrer Arbeit schon mal daran erinnern.«

Ich glaube, ich hätte ihm in diesem Augenblick vor lauter Dankbarkeit auch eine Pilgerfahrt nach Santiago de Compostela versprochen mit allen physischen Strapazen, die man sich als Prüfungen für gläubige Ergebenheit dabei auferlegen kann.

Glücklicherweise kommt es nicht dazu, weil wir nun von einem Wachsoldaten in vatikanähnlicher Gardetracht zum Patriarchen geleitet werden. Der steht, mittelgroß und mit soigniertem weißem Vollbart in seiner sorgfältig hochgeknöpften schwarzen Tracht, mit rotem Leibband und Käppchen über dem markanten Kopf, in einer Gruppe von Priestern. Dieser löst sich bei unserem Herannahen von seiner Gruppe und kommt langsam auf uns zu, wobei er demonstrativ die Hände faltet und sie wiederholt zum Himmel hin drückt, so als wolle er diesem den Dank für unsere Befreiung darbringen.

Nach der Begrüßung durch den Patriarchen, dessen Leutseligkeit auch wieder von der feindseligen Miene seines Sekretärs relativiert wird, sitzen wir in weiter Runde auf unseren Stühlen an den Wänden entlang, ohne dass viel gesprochen wird.

Plötzlich höre ich die Stimme des Professors, die sich an den Patriarchen richtet und sich nach dem Schicksal unserer Reisegefährten erkundigt, »den Mitgliedern der Fahrradgruppe«, wie er sich ausdrückt, weil er ja auch nicht mehr von uns weiß.

Der Patriarch blickt sichtlich irritiert erst zu ihm, dann zu mir herüber und adressiert dann den Prälaten, der neben ihm steht: »Haben Sie denn nicht alle Gefangenen freibekommen?«, fragt er erstaunt seinen Abgesandten, der sich einigermaßen hilflos zu mir umdreht. »Madame, nach meiner Kenntnis gibt es außer Ihnen fünf niemanden, der gestern morgen von der SLA gefangen genommen wurde. Waren denn noch andere Leute mit Ihnen unterwegs?«

»Doch, der Chef vom Dienst des Orient Observer ' wurde von seinem Redaktionsassistenten begleitet. Der war uns vorausgefahren und entging deswegen der Festnahme durch die SLA.« Ich hüte mich, mehr zu sagen, schon gar nicht über die geflohene Japanerin. Auf keinen Fall durfte die Hisbollah-Aktion mit uns in Verbindung gebracht werden. In dieser Gesellschaft, in der unverkennbar niemand seine Karten aus der Hand gab, erschien es mir ratsam, meinerseits eine Position als eher zufälliges und entsprechend unbeteiligtes Opfer libanesischer Politwirren einzunehmen. Die Miene des Sekretärs jedoch, der mich aus dem Schlagschatten seines Chefs her ziemlich unverwandt beobachtet, spricht Bände in Bezug auf meine Glaubwürdigkeit. Ein Grund mehr, mich diesbezüglich nicht zu exponieren noch überhaupt mich sonderlich um Profil zu bemühen.

Wenig später sitzen wir in einer hauseigenen Limousine mit schwarz getöntem Fensterglas auf dem Weg zurück nach Beirut, das in der eingebrochenen Dunkelheit aus Millionen Lichtern zu uns heraufunkelt – ein überwältigender Anblick. Ich drehe mich zu dem Professorenehepaar um und bemerke leichthin, dass es doch immer wieder bemerkenswert sei, mit welchem Gespür für landschaftliche Dramatik die Kleriker sich allerorten höchste Gipfel für den Ausbau ihrer Domänen suchten. »Vielleicht ist es gar nicht mal ein optisch dokumentierter Herrschaftsanspruch, sondern hauptsächlich von dem Gefühl geleitet, in dieser eindrucksvollen Einsamkeit auch räumlich näher bei Gott zu sein.«

Der Professor hat seine Augen geschlossen und antwortet mir in müdem Ton: »Aber damit verzichten sie keineswegs auf ihren vermeintlichen Anspruch auf dessen Herrschaftsmonopol.«

Ich habe das Gefühl, mich als naiv bloßgestellt zu haben, aber Müdigkeit ist eine milde Begründung dafür. Bis zum Abschied vor dem Eingang zum Commodore-Hotel verläuft die Rückfahrt in wortloser Beschaulichkeit.

Früh am nächsten Morgen stehe ich beim Bäcker, um mir zwei dieser wunderbaren Thymianbrote zu holen, die man hier, noch heiß dampfend aus dem Ofen, in die Hand gedrückt bekommt.

Ein kurz geschorener junger Mann neben mir spricht mich unvermittelt an: »Sagen Sie, sind Sie die Ausländerin, die gestern von der SLA festgenommen wurde?« Ich bin gerade mit dem Sortieren des nötigen Kleingelds beschäftigt und bejahe seine Frage eher zerstreut, bevor ich mich donnergerührt nach ihm umdrehe, um ihn nach dem Anlass für seine Impertinenz zu fragen. Doch der Mann ist so plötzlich vom Erdboden verschluckt, wie er aufgetaucht ist. Ich sehe fassungslos zu dem Bäcker hinüber, der aber blickt in gespielter Ahnungslosigkeit auf meine ausgestreckte Hand mit dem Kleingeld und steht unverkennbar, nicht anders als seine restlichen Kunden, für eine Erklärung nicht zur Verfügung. Wütend über meine sträfliche Unvorsichtigkeit mache ich mich auf den Weg zu dem griechisch-orthodoxen Krankenhaus, in das man Bob gestern Abend gebracht hat.

Ich finde ihn inmitten eines Schwarms von Verwandten in einer eher trostlosen Verfassung, nicht nur aufgrund seiner Verletzungen, die unter einer beeindruckenden Fülle von Verbänden verborgen sind. Er liegt in einem Zweibettzimmer in einem etwas schmuddeligen Ambiente, in dem auch sein Bettnachbar Mittelpunkt einer Ansammlung von Verwandten ist, die in normaler Lautstärke durcheinandersprechen und sich die wenigen Sitzgelegenheiten streitig machen. Die Bazaratmosphäre in dem kleinen Raum wird noch verstärkt durch das Erscheinen einer Schwester, die in lautem Kommandoton einen der Anverwandten auffordert, seine Zigarette auszumachen und sich zum Rauchen in das dafür vorgesehene Wartezimmer zu verfügen.

Bob lächelt schwach mit seinen verquollenen Lippen, als ich meinen kleinen Blumenstrauß auf seinen

Bauch lege. »So reduziert sich der Mensch in der Horizontale«, versuche ich etwas angestrengt zu scherzen, »noch vor drei Tagen sahst du bedeutend größer aus.« Eigentlich wollte ich noch hinzufügen, dass er bei dem Gedränge in seinem Zimmer wohl kaum genesen könne, nehme mich aber noch rechtzeitig zurück, um nicht in den gleichen Fehler zu verfallen, den ich meinen westlichen Landsleuten immer vorwerfe, nämlich unsere eigenen Einsichten Menschen anderer Kulturen aufzwingen zu wollen, als hätten allein wir den Stein der Weisen gehoben. Vielleicht war Bob ja glücklich hier inmitten dieser geräuschvollen Manifestation familiärer Anteilnahme – die Sterilität unserer mitteleuropäischen Krankenzimmer musste nicht unbedingt bessere Heilungschancen garantieren. Aber Fragen, die ich an ihn stellen will, vor allem nach dem Schicksal seines Redaktionssekretärs, hätten Bob in dieser Situation zweifellos überfordert. So verlasse ich ihn nach einigen aufmunternden Worten mit dem Versprechen, am nächsten Tag wieder nach ihm zu sehen, und strebe mit nicht geringem schlechten Gewissen über meine mangelnde Geduld dem Krankenhausausgang zu.

Der Portier des Commodore hält mir bei meiner Rückkehr eine partiell verschlüsselte Nachricht von Chef Pollner entgegen. Das Leben reserviert uns Schwierigkeitsgrade, die es zum olympischen Hürdenlauf hochtouren können. Ich spüre, wie mein Herz wieder ins Flattern kommt, und meine böse Vorahnung hat mich keineswegs getäuscht.

»Rühren Sie sich nicht vom Fleck, Jacky, die Jungs wollen Sie wiederhaben!« Spaßig ausgedrückt für das, was danach kommt. Die Staatsanwaltschaft Landshut hat die Internationalisierung meines Haftbefehls beantragt! »Europaweit kriegen sie's wahrscheinlich durch.« Pollner lässt nicht den geringsten Hoffnungsschimmer durchblicken.

Er hat einen Münchner Redakteur auf Landshut angesetzt und damit einen schnellen Draht für Vorwarnungen geschaffen. Dafür bin ich ihm dankbar, habe ihn aber auch im Verdacht, dass er diese Geschichte als Topstory für später instrumentalisiert und sich dabei durchaus zum Advokaten des Teufels gerieren könnte. In Erwartung einer guten Story kommt der Journalist bei mancher Chefredaktion immer zuletzt, fast wie der Soldat im Schützengraben für die Armeeführung in Erwartung eines strategischen Vorteils. Ein toter Journalist hingegen, gefallen auf dem Schlachtfeld des Nachrichtenkampfes, lässt sich allemal besser vermarkten als ein toter Soldat. Sein Verlust ist somit gar nicht mal uninteressant für seinen Arbeitgeber – auch unsere Zunft ist mittlerweile überlaufen.

Nach einem ausgiebigen Bad sitze ich später, in ein großes weißes Hotelhandtuch eingewickelt, auf dem kleinen Balkon meines Zimmers im dritten Stock und beruhige mich bei der Durchsicht der Bilder, die ich während unseres Hisbollah-Abenteuers gemacht habe, tief zufrieden über ihre Qualität und Brauchbarkeit für europäische Glanzbildmedien, als ich durch

Klopfen an meiner Tür gestört werde. Zum Glück ist es nur ein zweites Fax von Pollner, das mir hereingereicht wird, und nicht etwa ein Besucher, der sich bei meiner zwanglosen Gewandung mit hochrotem Kopf in multiplen Entschuldigungen hätte ergehen müssen. Aber Pollners wenig mitleidiger Ton macht seine neuerlichen Mitteilungen auch nicht besser verdaulich.

»Jacky«, heißt es darin, »wie weit bist du mit der B. Sache? Du weißt, ich halte hier gern den Kopf für dich hin, aber das muss sich schon auch für uns rechnen. Seit deiner Ankunft in Beirut vor nunmehr knapp zwei Wochen haben wir noch keine einzige heiße Rückmeldung von deinen Aktivitäten dort. Solltest du dich in Weltschmerz ergehen über die Ungerechtigkeit der Welt, so ist das natürlich in deinem Fall durchaus legitim. Wir buchen das dann als unbefristeten, unbezahlten Urlaub. Ansonsten erwarte ich bis Ende der Woche mindestens drei Minuten Hisbollah für den ‚Weltspiegel‘. Krisenkamera nicht ausreichend! PP«

PP stand für Peter Pollner, und ich hatte diesem Mann vertraut! Krisenkamera zwecklos – der Einzige, der mir in den drei Tagen bis Ende der Woche einen vernünftigen Kameramann hätte beschaffen können, der lag im griechisch-orthodoxen Krankenhaus, nachdem er gerade erst eine Mütze voll Hisbollah abbekommen hat. Sein Kameramann war nach meinem Kenntnisstand noch gar nicht wiederaufgetaucht, aber der hatte auch nur Printbilder geschossen, nichts Brauchbares für den »Weltspiegel« jedenfalls. Wie sollte sich ohne diese beiden jetzt so schnell der Kontakt mit der His-

bollah wiederherstellen lassen? Natürlich war die Zeit-
angabe ohnehin nur ein Richtwert, aber plus/minus
schon verbindlich für weiteren Goodwill bei Pollner.
Bis Ende der Woche! Reinste Erpressung!

Ich musste also wieder hinaus in das Beiruter Tages-
getümmel.

4. Geiselnahme durch die Hisbollah

Über den Weg läuft mir in der Hotelhalle ein alter Kollege aus Rundfunkzeiten, R. Techmann (kurz:Tech), der aber inzwischen Chef einer angesehenen deutschen Produktionsfirma geworden ist, von der auch Pollner öfter mal Material bekam. Unvorsichtigerweise verrate ich ihm bei einem kurzen Drink in der Bar, dass ich etwas machen soll über die Hisbollah, und sofort will er mitmachen. Etwas genervt schwäche ich dahingehend ab, dass ich vorerst nur ein Interview vorhätte mit irgendeinem Hisbollah-Führer, schon egal mit wem, aber Techmann lässt sich nicht so einfach abhängen und scheint ausnahmslos auf alles erpicht zu sein, was überhaupt den schwarzen Turban der Mullahs trägt. Ich kann aber unmöglich mit Techmann zusammenarbeiten und das Produkt dann ausgerechnet Pollner zum käuflichen Erwerb anbieten, der für meinen Aufenthalt hier nicht nur bezahlt, sondern in Deutschland meinetwegen noch eine Strafanzeige wegen Fluchthilfe riskiert.

Natürlich ohne ihm die Hintergründe meines Aufenthalts hier in Beirut zu erläutern, schlage ich ihm vor, dass ich erst einmal das verlangte Interview für Pollner machen und anschließend gleich eine Verlängerung des Interviews für seine Firma durchsetzen werde, allerdings nur unter veränderten Vorzeichen. Techmann hat zwar schon den zweiten Drink vor sich, blickt mich aber misstrauisch an. Misstrauen unter

Journalisten gehört unverzichtbar zum Geschäft. Die Jagd nach den besten Nachrichten ist ein erbarmungsloser, wenn auch zumeist unblutig ausgetragener Nahkampf, bei dem es so gut wie keine Berufsethik gibt.

»Also, Tech«, ich lache los, »du alter Gauner! Ein Oberfuchs wie du verdächtigt ausgerechnet mich der Trickserei? Schick mir deinen Kameramann rüber und lass uns den Rest vergessen.«

Im Grunde ging es mir ja auch um gar nichts anderes. Techmann aber insistiert, er wolle mit dabei sein, auch für den Fall, dass sich keine Verlängerung des Interviews ergeben würde. Dafür würde sein libanesischer Majordomo auch die Kontakte erledigen. Ein fairer Deal.

Wie fair er war, wird mir erst abends klar, als ich das dritte Fax des Tages von Chief Pollner in den Händen halte. »Die Hisbollah halten zwei Geiseln gefangen, eine Deutsche und einen Norweger, wegen Verdachts der Spionage für Israel. Wieso weiß ich das nicht von dir?! Erwarte sofort brauchbares Filmmaterial!«

Ich stehe wie vom Donner gerührt. Jetzt versteht Pollner keinen Spaß mehr – ich war vor Ort, und statt meiner hat er die Story. Ein professionelles Fiasko vom Feinsten. Es ist keine Minute zu verlieren. Ich lasse mir Techmanns Nummer geben und biete ihm die schönsten professionellen Leckerbissen, die mein TV-Sender für besondere Verdienste bereithält. Er wäre auch für weit weniger bereit gewesen, mir sein Kamerateam zur Verfügung zu stellen, aber ich war in der Eile sowieso nicht zum Feilschen aufgelegt. Kaum eine Viertelstunde später sitzen wir zusammen mit einem deutschen Kameramann im Jeep seines libanesischen Verbindungsmanns, ein Palästinenser aus dem berüchtigten Flüchtlingslager Sabra, der uns in die südlichen Vorstädte bringt. Irgendwo dort würden wir den stellvertretenden militärischen Führer der Hisbollah treffen. Techs Kameramann vermiest uns die Fahrt gehörig mit seinen pessimistischen Prognosen hinsichtlich des Erfolgs unserer nächtlichen Mission. Aber ich bin zu beschäftigt mit der geografischen Ortung unseres Wegs, um ihm wirklich zuzuhören. Es ist in solchen Situationen von größter Wichtigkeit, für den Fall eines ungeordneten Rückzugs schnell wieder hier herauszufinden. Denn wir biegen in immer kleinere Straßen ein und gelangen nach meinem recht gut ausgebildeten Ortssinn tiefer und tiefer in die Hisbollah-Hochburg C. ein, in der diese während des Bürgerkriegs ein gutes Dutzend ausländischer Geiseln gefangen gehalten hat. Auch Journalisten waren darunter. In Landshut, fällt mir dabei ein, hätte man mich zumindest nicht umgebracht , jedenfalls nicht direkt.

An einem nicht sonderlich bemerkenswerten Gasseneingang werden wir aus dem Auto gebeten,ich habe in der Dunkelheit zunächst gar nicht bemerkt, dass dort überhaupt Männer stehen, und in deren Begleitung durch weitere Gässchen und Hinterhöfe geführt. Schließlich stehen wir vor einem modernen Mietshaus , in dessen unterster Etage sich unser Treffpunkt befindet.

Einige schwarz vermummte Frauen bitten mich im Flüsterton, ihnen zu folgen, während die Männer in einen anderen Vorraum gebeten werden. In einem Nebenzimmer wird auch mir ein Chador umgehängt und ein Platz angewiesen, wo ich warten soll, bis der Mullah uns empfangen würde. Eine der Frauen eröffnet mir flüsternd, dass sie Ingenieurin sei, und die Vermummte neben ihr sei Fernsehansagerin, ob ich diese denn nicht kenne.

»Wissen Sie«, ich gebe mir Mühe, nicht unhöflich zu erscheinen, aber ich will schon noch meinen Punkt machen, »ich habe Mühe, Sie unter Ihren Chadors auseinanderzuhalten. Und warum flüstern Sie denn, wir sind doch unter uns?«

»Frauen haben sich nach unserer religiösen Auffassung nicht auffällig zu verhalten«, sagte sie mir in nur kaum verstärktem Ton, wobei sie mich aus runden dunklen Augen mit freundlicher Unnahbarkeit anlächelt.

Ich bin versucht, ihr zu sagen, dass auch die Auslegung des jüdischen Talmuds die Frauen in einer sehr ähnlich begründeten Unterdrückung hält, aber die fast greifbare Vision von Chief Pollners wütendem Gesichtsausdruck hinter meiner Gesprächspartnerin hält mich davon ab. Es ist auch wirklich nicht der Zeitpunkt für feministische Überzeugungsarbeit, die mich möglicherweise das Interview kosten würde. Es erscheint mir vergleichbar mit dem Versuch, dem Löwen in seiner eigenen Höhle die Beute wegzuziehen – das Männerrudel draußen würde da sicher keinen Spaß verstehen. Und nicht alle der vermummten Frauen um mich herum sehen so freundlich gelassen aus wie meine nette Bezugsperson hier.

Kurze Zeit später sitzen wir neben dem Scheich, einem streng zugeknöpften, sonst recht gut aussehenden Mann mit penibel gefaltetem Turban und goldgetrimmter brauner Abaya über dem grauen Kaftan. Kein Lächeln erhellt seine düstere Miene, als er uns begrüßt. Nicht mit einem Wimpernschlag verrät er, dass ich ihm von meinem Ausflug mit Bob her bekannt wäre. Dafür bin ich ihm sogar dankbar. Tech muss nicht unbedingt mehr über meine Aktivitäten hier erfahren als ich über die seinigen. Journalisten halten sich gern bedeckt beim Austausch von Informationen Kollegen gegenüber, es sei denn, sie sind in derselben Gefahr.

Ein bärtiger junger Novize, auch er in Kaftan und Turban, setzt sich zwischen den Scheich und mich, um hin und her zu übersetzen.

»Er hat in Köln studiert«, berichtet der Scheich wohlwollend.

Der Kameramann bittet um das Zeichen für seinen Einsatz, aber ein weiterer Begleiter des Scheichs verweist auf eine Haarsträhne, die sich unter dem Chador hervorgestohlen und auf meine Stirn gefallen ist. Erst nachdem ich sie sorgfältig unter das dünne schwarze Tuch zurückgestrichen habe, dürfen wir mit dem Interview beginnen, das der Scheich einleitet mit der obligatorischen koranischen Lobpreisung Gottes.

Prompt begehe ich einen meiner üblichen Anrede-
fehler, weil die hierarchische Zuordnung in diesem
multireligiösen Land in »Heiligkeiten« oder »Vereh-
rungswürdigkeiten«, »Exzellenzen« oder nur »Ge-
ehrte« mir selten gelingt. Aber der Scheich entschul-
digt meinen Fauxpas mit einer freundlichen Geste, die
nun auch eine leichte Ungeduld erkennen lässt.

Meine erste Frage schon ruft seinen Unmut hervor –
das Salz in der Suppe, wie mein Vater sagte, wenn er
sich mit meiner Mutter stritt. Bei Immer-schön-freund-
lich bekommen Journalisten selten mehr zu hören als
geschöntes Geschwätz.

»Wie ich erfahren habe, hat Ihre Bewegung, die
Hisbollah, zwei europäische Ausländer gekidnappt,
die sich zuvor als Gäste bei Ihnen aufgehalten haben. Das ist eine schwere Verletzung des ältesten und
wichtigsten gesellschaftlichen Umgangswertes Ihrer
arabischen Kultur. Journalisten und Politiker und im
Zweifelsfall auch Unterhändler werden sich in Zukunft
fürchten müssen, dass Sie mit ihnen ebenso verfahren.
Wollen Sie in Zukunft keine Gäste mehr empfangen?«

Tech wand sich unter einem Hustenanfall.

Der Scheich flüstert seinem Nebenmann etwas zu,
worauf dieser sich erhebt und durch eine zweite Tür
hinter uns verschwindet. Der Kameramann folgt ihm
mit besorgtem, wenn nicht ängstlichem Blick.

»Weichei«, denke ich wütend, denn auch ein Kameramann muss in Krisengebieten seine Körpersprache
beherrschen, um nicht mit der Signalisierung von
Furcht seine und damit vielleicht auch unsere Opfer-

rolle überhaupt erst zu provozieren. Gerade Europäer haben in dieser Region einen Nimbus von einer gewissen Stärke, der uns auch in gefährlichen Situationen einen zusätzlichen Bonus garantiert, wenn wir nicht vorher schon unser Gesicht verlieren. Nichts ist so lächerlich wie ein gefürchteter Held, der, »die Hosen voll«, vom Schlachtfeld schleicht.

»Madame«, setzt der Scheich an, wobei er seinen Rücken an der Lehne seines Sessels reibt, »Ihre Schlussfolgerungen empfinde ich als beleidigend. Nicht wir haben unser Gastrecht verletzt, sondern es ist von den Leuten, auf die Sie verweisen, aufs Gröblichste verletzt worden.«

Er stockt einen Moment, wobei er Tech anblickt. Ich bemühe mich, die Miene einer milden Richterin anzunehmen, wie ich sie immer an den BBC- und CNN-Interviewern bewundert habe.

»Sie wissen, dass es sich bei diesen beiden Festgenommenen um eine Deutsche und einen Norweger handelt.« Dabei blinzelt er mir aus halbgeschlossenen Augen vielsagend zu, wie um mir zu signalisieren, dass er meine engere Bekanntschaft mit den beiden jetzt nicht thematisieren will, und fährt fort: »Sie hatten sich bei uns als Journalisten eingeschlichen, zusammen mit anderen, die uns als integer bekannt sind.«

Ich freue mich über diese Rückversicherung, denn sowas ist für Journalisten, die vor Ort berichten, eine sehr wichtige Voraussetzung für gefahrloses Arbeiten.

Dankbar zustimmend nicke ich, als er weiter ausführt: »Sie haben dabei Dinge und Örtlichkeiten gesehen, deren Entdeckung unsere Kampfkraft zum derzeitigen Zeitpunkt erheblich reduzieren könnte. Wir müssen die beiden also so lange in Gewahrsam halten, bis wir uns örtlich verändert haben. Das geht nun einmal nicht von heute auf morgen. Die beiden genießen, wenn Sie so wollen, unser Gastrecht ausgiebiger, als sie vorhatten – und als wir vorhatten, nicht zu vergessen.«

»Das ändert nichts an meiner Frage.« Ich lächle ihn an. Und ehe er mir antworten kann, füge ich hinzu: »Aus meiner Sicht – und ich verehre die arabischen Traditionen – klingt das eher zynisch; auch für uns Nord- und Mitteleuropäer ist das Gastrecht vergleichsweise heilig.«

»Das gilt aber nicht unter kriegsführenden Kampfeinheiten. Da gilt vor allem das Recht der Selbstverteidigung, und Leute, die uns gezielt in Gefahr bringen, sind durch kein Gastrecht geschützt. Verlieren wir uns nicht in eine Diskussion von Prinzipien, unsere beiden Gefangenen haben jedenfalls keine. Sie wollen nichts anderes als uns ausspionieren, und wir werden bald aus ihnen herauskriegen, dass sie im Auftrag Israels unterwegs sind.«

Kein Wort des Vorwurfs gegen mich beziehungsweise gegen Bob, dass wir sie mitgebracht hatten. Es scheint in der Tat eine intendierte Rücksichtnahme des Scheichs mir gegenüber zu sein, um Tech nicht einzubeziehen in unser Abenteuer bei seinen Kämpfern. Es ist schon ein unter diesen Umständen sensationeller Beweis weitgehenden Vertrauens der Hisbollah mir gegenüber, a priori auszuschließen, dass nicht auch ich selbst die Örtlichkeiten der Hisbollah verraten könnte? Stehe ich vielleicht unter Beobachtung?

»Wenn sich Ihr Verdacht erhärten würde, was hätten Sie dann vor mit Ihren Gefangenen, Pardon, mit Ihren Gästen?«

Der Scheich lächelt zum ersten Mal, ein Lächeln wie eine Waffe.

»Das ist wohl kaum mehr als eine hypothetische Frage.« Er verneigt sich in einer Gestik, die er für spaßig hält. Mir aber wird ein bisschen schlecht, wenn ich an Ruth denke, mit ihrem schönen kleinen Diamantkreuz.

»Ich weiß natürlich, dass Sie mir nicht im Einzelnen auskunftspflichtig sind«, sage ich verständnisheischend, »aber die Deutsche ist mir seit Langem bekannt. Sie ist Quartiermacherin für ausländische Journalisten, schon seit Jahren. Sie kann nicht allen ihren Auftraggebern hinter die Stirn sehen.«

Ich halte inne – fast hätte ich den armen Norweger mit meiner Fragestellung vorverurteilt, und doch, waren nicht auch mir zwischendurch leise Bedenken gekommen, was ihn betraf? Dabei fällt mir ein, dass auch der Hisbollah-Führer ein paarmal sonderbare Blicke auf ihn geworfen hat. Vielleicht war ihr Alternativprogramm ein Hinterhalt gewesen, vielleicht hatten die Gotteskämpfer sie schon gleich nach ihrem Abschied von uns gefangen genommen. Als ich den Scheich in plötzlichem Begreifen diesmal direkt anblicke, lächelt er mir noch einmal zu, und jetzt gibt es kaum Zweifel daran. Er betrachtet mich schon fast als Bundesgenossin, und wir würden uns die weiteren Fragen und Antworten zuwerfen wie Bälle beim Spiel.

»Sie können sicher sein«, sagt der Scheich an Tech gewandt, »wir werden die Hintergründe der Angelegenheit sehr schnell herausfinden.«

Der ergreift seine Chance, und er macht es gut: »Heiligkeit, Ihre Leute haben vor wenigen Jahren eine Reihe von Geiseln in grausamen Umständen jahrelang gefangen gehalten. Einige davon sind sogar umgebracht worden. Müssen wir davon ausgehen, dass diesen beiden Gefangenen nun ein ähnliches Los bevorsteht?«

Die Tür hinter uns öffnet sich, der Begleiter des Scheichs wird wieder sichtbar, und hinter ihm ein Mann mit einem Tablett mit arabischem Kaffee in kleinen Mokkatässchen, dazu mit Wasser gefüllte Gläser. Das nun folgende Darreichungszeremoniell gibt dem Scheich ein paar Minuten Zeit zum Nachdenken, bevor er Tech antwortet.

»Sie wissen sicher, dass wir heute im libanesischen Parlament vertreten sind und in der Regierungsverantwortung stehen. Wir sind also demokratischen Grundsätzen verpflichtet. Gewalt ist ein Monopol des Staates, unseres Staates, und wir werden unseren Verpflichtungen ihm gegenüber nicht zuwiderhandeln. Andererseits sind viele unserer Leute in israelischer Gefangenschaft, und obwohl gerade ihr Deutschen bei deren Partei nichts als eitel Freundlichkeit und Güte vermutet, lassen Sie sich von mir sagen: Deren Gewaltanwendung mag vielleicht subtiler sein, das haben sie vom Westen gelernt, aber das bedeutet nicht weniger Grausamkeit für ihre Gefangenen, eher mehr.

Sehen Sie sich unsere Kämpfer an, die wir bei Gefangenenaustauschaktionen freibekommen haben. Von denen können viele nie wieder normal gehen, einige sind in der Haft verrückt geworden, alle sind seelisch oder körperlich verkrüppelt, oft sogar beides. Bei denen sehen wir nichts von Genfer Konvention oder Amnestie International. An Israel nämlich blicken alle humanitären Institutionen westlicher Länder mit verklärten Blicken vorbei. Dafür wird der vermeintliche Blutdurst der Araber durch eine vergrößerte Linse sensationell in Ihre Presse fokussiert – sowas verkauft sich eben gut in Ihrer mediengesteuerten Öffentlichkeit.

Aber lassen Sie sich eines sagen: Wir Araber wollen nicht israelisches Blut trinken wie General-S.-Kämpfer, die ihren palästinensischen Gefangenen in einem Bunker nahe dem libanesischen Verteidigungsministerium Blut abzapften und es als schönste Kriegsbeute in kleinen Fläschchen unter ihresgleichen verteilten.

Wir wollen nichts anderes von Israel als die Rückgabe unserer Länder, Städte und Dörfer. Und wie die Juden nach zweitausend Jahren ihre Rückkehr in ihr Gelobtes Land erzwangen, so werden auch wir, Generation auf Generation, unsere Heimat wiedererlangen, auch wenn es bedeutet, dass vorher jeder Zentimeter dieser unserer Erde mehrfach mit Blut getränkt werden muss!«

Der Scheich hatte sich in Hitze geredet, kein Wunder

auch bei seiner engen, strengen Kleidung, und greift nach seinem Glas Wasser.

Er scheint sich mit dem vorangegangenen Statement verausgabt zu haben, denn er lehnt sich in seinem Sessel zurück und beantwortet einige weitere Fragen von Tech und mir scheinbar zerstreut, jedenfalls ohne große Begeisterung. Er fährt nur noch einmal alarmiert hoch, als ich ihn frage, ob wir die Gefangenen interviewen dürfen. Ich wusste vorher, dass er das vehement ablehnen würde, frage aber noch einmal, ob wir ihm wenigstens unser Bandgerät hierlassen dürften, damit die Gefangenen daraufsprechen könnten, wenn auch nur über ihren Gesundheitszustand und ihre Haftbehandlung.

Der Scheich sieht mich angesichts meiner Insistenz entgeistert an, als hätte ich jetzt vollständig den Verstand verloren. »Madame, zuerst kommt Allah, dann kommt die Politik, dann kommt lange Zeit gar nichts, und erst dann dürft ihr Reporter ran!« – Offenbar ist nichts mehr aus ihm herauszubekommen.

Tech darf noch einmal fragen, ob sich die Hisbollah-Bewegung tatsächlich wie angekündigt auflösen würde, wenn die erklärten Kampfziele der Wiedergewinnung ihrer von Israel besetzten Gebiete erreicht seien, aber die Antwort ist wie erwartet ausweichend – der Scheich verweist auf die regionalen Schwierigkeiten, die nicht nur den Staat Libanon betreffen. Außerdem würde man vermutlich nicht ohne eine zumindest logistische Unterstützung seiner Bewegung auskommen. Ein Bonbon für Tech, zur Abrundung seines Teils der Reportage.

Wir verabschieden uns mit gegenseitigen Segenswünschen, dann geleiten mich die Frauen wieder ins für unser Geschlecht reservierte Antichambre und entledigen mich meines Subordinationsgewands, nicht ohne mich einzuladen, bei Gelegenheit wieder vorbeizukommen. Dann tappen wir durch die Dunkelheit zurück zu unserem Fahrer, der tatsächlich auf uns gewartet hat, vielleicht nicht ganz freiwillig, denn zwei der Männer, die uns zuvor zum Hauptquartier der Hisbollah geführt haben, leisten ihm immer noch Gesellschaft. Segenswünsche hin und zurück, dann brechen wir im Taxi in erleichtertes Siegesgeheul aus – ein wunderbares Interview für uns beide, nur bei der Sinneserklärung des Scheichs werden wir beide uns noch mal in die Haare kriegen. Der Kameramann indessen freut sich nicht mit und schwört, nicht noch einmal einen Auftrag anzunehmen, der ihn in diesen Teil der Stadt führen würde, nicht einmal am Tage, wie er betont.

Die nächsten Tage vergehen mit Krankenbesuchen bei Bob, der sich nur langsam erholt. Kaum drei Tage nach Erscheinen des Interviews, Tech und ich hatten brüderlich geteilt, aber die Geiselsache war im Original voll mir zugeschlagen worden, während Tech sie nur in der Berichterstattung wiedergeben durfte, hatte Chief Pollner mir statt einer verbalen Anerkennung über Luxemburg einen sehr anständigen Geldbetrag angewiesen, der mich in finanzieller Hinsicht bis auf Weiteres entlasten wird. Auch die Staatsanwaltschaft in Landshut, so Chief Pollner, würde erst einmal Ruhe geben, da meine Reportage mein Alibi für eine kleine Weile noch bestätigen würde.

Erleichtert lege ich ein paar Tage Pause ein bei meiner Bekannten in Monte Verdi.

Bei meiner Rückkehr erfahre ich im Krankenhaus, dass Bob zwischenzeitlich entlassen wurde, und beeile mich, ihn zuhause aufzusuchen. Mit einem scherzhaften: »Ich hoffe, dass dies das erste und das letzte Mal ist, dass ich dir Blumen schenke, du Hypochonder!«, werfe ich ihm einen Strauß holländischer Nelken auf den Bauch, den ich trotz einer gewissen Abneigung gerade gegen diese phantasielose Blumenzüchtung nur ausgewählt habe, weil es jetzt, Mitte Dezember, im Libanon zwar immer noch Sonne satt, aber keine Eigenproduktion zweckgezüchteter Schnittblumen mehr gibt. Europäer wären bei den herrschenden Wetterverhältnissen übrigens mit Wonne ins immer noch warme Mittelmeer gesprungen, wenn nicht eine Warnung vor angeschwemmten Giftfässern aus italienischer Produktion die potenziellen Schwimmer davon abgehalten hätte.

5. Das Bombenmassaker nahe der Stadt Kana

Als ich in mein Hotel zurückkomme, erhalte ich die Nachricht von den Bombenmassakern in Kana. Danach hätte Israel nach einem Feuerwechsel mit der Hisbollah an seiner nördlichen Grenze ohne Vorwarnung einen Außenposten der UN-Friedenstruppen nahe der biblischen Stadt Kana bombardiert. Dabei waren nicht nur einige Soldaten des dort stationierten Regiments, sondern auch eine noch ungewisse, allem Anschein nach jedoch erhebliche Anzahl von Anwohnern getötet oder verletzt worden, die in dem zum Außenposten gehörenden Schutzraum Zuflucht gesucht hatten.

Tech war eben dabei, seinen Jeep zu besteigen, um noch am frühen Nachmittag die betroffene Bevölkerung zu interviewen, als ich ihn von der Hotelhalle aus bemerke und anrufe. Er habe überhaupt nichts dagegen, wenn ich mitkäme, versichert er mir, »aber Teilen ist diesmal nicht drin!«

»Geht nicht anders, Tech, du heißt doch nicht R. M.«, keuche ich, und die Assoziation mit einem bekannten deutschen Reporter, der sich auch in besonders problematischen Krisensituationen im Ausland notorisch unkollegial verhielt, entlockt ihm ein eher gutmütiges Grinsen. Es bleibt mir auch gar nichts anderes übrig, als Tech anzubetteln, weil ich so schnell keinen eigenen Kameramann in Marsch hätte setzen können.

Diesmal ist das Wetter unschuldig schön. Das blaue Meer glitzert einladend rechts vom Highway zu uns herauf und linker Hand präsentiert sich die ansonsten triste Ansammlung hässlicher Armeleutehäuschen im mittäglichen Sonnenlicht auch weit weniger deprimierend als bei meiner letzten Fahrt in den libanesischen Süden. Wir befinden uns jetzt fortgesetzt in der einen oder anderen Wagenkolonne von nach Kana eilenden Politikern oder auch dem einen oder anderen libanesischen oder ausländischen Journalistentross, Letztere wie immer bemüht, alle anderen zu überholen, um als Erste die Story in den Kasten zu bringen. Also macht auch Tech beim Rennen um den ersten Platz aus vollem Herzen mit und rast mit seinem ziemlich schlecht gewarteten Fahrzeug über die mit Schlaglöchern übersäte Autobahnpiste, sodass wir andauernd von unseren Sitzen fliegen und uns schon nach kaum zwanzig Fahrtkilometern gehörig die Knochen knacken.

Etwas später mündet der Highway in eine zweispurige Landstraße, und von da an verlangsamt sich unsere Fahrt merklich, schon wegen der zunehmenden Präsenz libanesischer Armeefahrzeuge. Als wir Tyrus erreichen, versperrt uns eine Armeebarrikade den Weg, und es dauert mindestens eine Stunde, bevor man uns weiterfahren lässt. Aus der Gegenrichtung passiert eine Vielzahl von Ambulanzfahrzeugen ungehindert die Sperre, oftmals gefolgt von Angehörigen der Verletzten in Privatwagen in abenteuerlichem Zustand. Dann geht es linker Hand in die milde mediterrane

Hügellandschaft hinein, vorbei an ägyptischen Heiligtümern aus der Zeit Hammurabis, aber auch an trostlosen Müllhalden, aus denen beißender schwärzlicher Rauch aufsteigt in das unschuldige Himmelsblau.

Kurz vor Kana passieren wir die Stelle, von der man einen felsigen Abhang hinuntersteigen muss, um an zwei Grotten zu gelangen, die Ausgangspunkt gewesen sein könnten für die neutestamentarische Hochzeit von Kana. Nicht weit davon befindet sich ein offenes Rondell, dessen natürliche Felsbegrenzung mit uralten, kaum mehr erkennbaren Halbreliefs verziert ist, die dieses oder ein anderes Hochzeitsgeschehen wiedergeben. Diese religionshistorisch hochinteressante Stätte wurde vor etwa einhundertdreißig Jahren von einem französischen Mönch entdeckt, geriet gleich darauf aber wieder in Vergessenheit, bis sie vor einigen Jahren erst vom libanesischen Fernsehen an die Öffentlichkeit gebracht wurde. Seitdem begann eine zögerliche Aufbereitung des Terrains für touristischen Zugang, nicht ohne heftige Gegenwehr der schiitischen Bevölkerungsmehrheit in dieser Gegend gegen solch eine Aufwertung christlicher Altertümer.

Indessen lässt auch die geografische Lage Kanas im gefährlichen Grenzgebiet des libanesischen Südens, das immer wieder von kriegerischen Auseinandersetzungen zwischen der israelischen Armee und der Hisbollah-Guerilla heimgesucht wird, zwangsläufig wenig touristisches Interesse an Kana und einer Vielzahl anderer historisch oder landschaftlich interessanter Ziele in diesem Gebiet zu.

Etwa achthundert Meter vor dem Ortsbeginn von Kana hat eine Armeestaffel Position bezogen. Von hier aus würden uns jetzt zwei Soldaten zusammen mit sechs oder sieben weiteren Journalisten zu Fuß zum Ort des Geschehens eskortieren. Unsere Autos sollen inmitten einer Ansammlung einer guten Hundertschaft anderer Fahrzeuge unter Armeebewachung am Straßenrand geparkt werden.

Tech und sein Kameramann schultern klaglos eine vergleichsweise leichte Ausrüstung, wenn man die schweren Geräte der meisten anderen Reporter betrachtet, die diese, immer mal wieder fluchend, den ganzen langen Weg tragen müssen. An den schwersten Kameras hatten immer die libanesischen Kollegen zu schleppen. Nach dem vor wenigen Jahren erst beendeten Bürgerkrieg hatten auch die TV-Stationen des Landes mittellos neu durchstarten müssen. Ihre veralteten Apparate sind außer für Krisenreportagen für westliche Standards vollkommen inakzeptabel.

Das Grauen kündigt sich an durch einen aus der Entfernung seltsam klingenden Singsang hoher Stimmen, und je näher wir der Stelle kommen, die von der israelischen Luftwaffe bombardiert wurde, desto mehr ähnelt der Stimmenwirrwarr dem von großen Menschenansammlungen in Fußballstadien. Der Ort des Geschehens ist dann auch dicht an dicht mit Menschen übersät, die sich aus allen Richtungen aneinander vorbei- und durcheinanderdrängen, jeder mit irgendeinem anderen Ziel. Dann stehen wir vor dem Areal, das noch heute Morgen ein überdachter UN-

Schutzraum gewesen ist. Der Anblick der Katastrophe ist jenseits jeder Vorstellung und verschlägt auch uns Journalisten den Atem.

Vor uns liegen in einer seltsamen Verknäuelung von menschlichen Gliedern, Kleiderhaufen, zerfetztem Dachmaterial, Schuhen und Küchenutensilien aus buntem Plastik tote Frauen und Kinder in einer Vielzahl, die mir zunächst überhaupt nicht realistisch erscheint. Offenbar haben all diese Menschen ihren Glauben an die Schutzfunktion der UN-Friedenstruppen hier an der südlibanesischen Grenze mit dem Tod bezahlen müssen, weil die israelische Luftwaffe diese Schutzfunktion nicht respektiert und den auch vom Dach ausgewiesenen UN-Schutzraum gezielt bombardiert hat. Es heißt, dass auch vier oder fünf UN-Soldaten dabei umgekommen seien.

Während ich fassungslos über dieses Leichenfeld starre, kommt mir der Gedanke, dass so die Apokalypse aussehen müsste. Ein atemberaubender, eigentümlich süßlicher Geruch von verbrannten Haaren und nassem Qualm hängt über dem Leichenfeld. Etliche Menschen stehen mitten darin oder bewegen sich wie im Zeitlupentempo, andere stochern in dem qualmenden Gemisch herum, offenbar auf der Suche nach Angehörigen. Mir wird übel, und ich spüre, wie mein Magen revoltiert.

Als ich mich abwende, um mich seitwärts irgendwo zu übergeben, sehe ich Tech, der gerade dasselbe tut. Wie ein altes Ehepaar halten wir uns danach eine Weile aneinander fest, bis wir überhaupt wieder sprechen können. Dann sehe ich, wie Techs Kameramann auf der gegenüberliegenden Seite des Schutzraums scheinbar ungerührt oder eben auch nur geistesgegenwärtig seine Kamera über das Blickfeld führt.

Erst als ich Tech auf ihn aufmerksam mache, bekomme ich gerade erst wieder Luft und mache Anstrengungen, gleichfalls dorthin zu gelangen. Ich stolpere immer noch benommen hinter ihm her, professionell nichts weniger als funktionstüchtig, denn für mich verläuft hier die Grenze zwischen berufsbedingt opportunistischen und ethisch moralischen Prioritäten. Erst wenn ich guten Gewissens eine Balance herstellen kann zwischen meinem eigenen Interesse an einer für mich immerhin profitablen Story und ihrer Veröffentlichung auch im Interesse der Opfer, dann und nur dann gehe ich den professionellen Weg. In diesem Fall allerdings haben mir Tech und sein Kameramann die Entscheidung für den blutigen Teil des Geschäfts ohnehin schon abgenommen.

Zwei UN-Soldaten bemühen sich nicht weit von uns, Leichen in graue Säcke zu rollen und in einer Reihe nebeneinanderzulegen, werden dabei aber unterbrochen von aufgeregten Angehörigen, die die Leichen alle wieder auswickeln und mit Hisbollah-Fahnen bedecken, wobei sie sich weinend und schluchzend abmühen, den toten Frauen die Leichen ihrer eigenen Kinder jeweils zur Seite zu legen.

»Stören Sie doch die Leute nicht bei ihren Trauerritualen!«, rufe ich den Soldaten zu. Die antworten mir nicht und beschäftigten sich statt dessen stur weiter mit dem Abreißen ihrer Plastiksäcke. Jetzt endlich besinne ich mich auf meine journalistische Aufklärungspflicht und bringe meine eigene Kamera in Bereitschaft. Als ich sie auf die beiden Soldaten richte, kommt Leben in einen von ihnen. Der springt auf mich zu und versucht, mit der Hand mein Objektiv zu bedecken. »Internationale Presse!«, schmettere ich ihm entgegen und verweise auf mein Brustbatch mit der offiziellen Registriernummer.

Der Mann ist offensichtlich entschlossen, mir die Kamera zu entreißen, und die weinenden Menschen um uns herum würden ihn nicht daran hindern. Ohne die Kamera abzusetzen, schreie ich mehr, als ich rufe: »Hey, Techmann, Hilfe, Techmann!« Tech ist mit wenigen Sprüngen neben mir und stößt den Soldaten so kraftvoll zurück, dass dieser sich nicht aufrecht halten kann und zwischen die Leichen fällt. Sofort springt er wie eine Feder wieder hoch und greift Tech frontal an, wobei er ihn mit einem klassischen Schwinger seinerseits zu Boden befördert. Gerade als er sich anschickt, Tech inmitten der Toten um ihn herum nun auch noch mit Fußtritten zu bearbeiten, wird er diesmal von seinem eigenen Kameraden niedergestoßen und dort auch von ihm festgehalten.

»Bewegt euch, verschwindet!«, schreit er uns dabei an, zusätzlich verärgert darüber, dass ich nicht einen Moment aufgehört habe, diese makabre Szene zu filmen.

Etliche der trauernden Menschen in unserer Nähe haben derweil einen Ring interessierter Zuschauer um uns gebildet, und es hätte nicht viel gefehlt, dass sie sich an dem Kampf beteiligt hätten. Die Situation gebietet schnellen Rückzug, und so ziehe ich den halb aufgerichteten Tech mit mir hoch, und wir hechten zusammen unserem Kameramann nach, der in einiger Entfernung von uns eine Gruppe von einheimischen Politikern im Visier hat.

Tech ärgert sich laut darüber, dass der unser Intermezzo nicht auch sofort gefilmt hat, und es beruhigt ihn keineswegs, als ich ihm versichere, dass auch meine Kamera qualitativ für die TV-Wiedergabe solcher bewegten Szenen ausreicht. »Ist absolut kontraproduktiv, Tech, wenn du mitten in diesem Chaos auch noch Krach anfangen willst mit deinem Kameramann. Hier ist der Mann besser als wir.«

Das war er in der Tat, wie meistens in solchen Katastrophensituationen, wenn die Einheimischen die Choreografie bestimmen und Ausländer wie wir schon aus eigenem Interesse für einen Moment die Bühne mit den Logenplätzen vertauschen sollten. Viele meiner Kollegen haben irgendwo in den verschiedenen Krisengebieten unserer Welt den Tod gefunden, weil sie diese Einsicht nicht beherzigt hatten.

Nicht weit von uns ist eine Gruppe von UN-Soldaten damit beschäftigt, einen Schutthaufen vorsichtig auseinanderzustochern. Ein widerliches Gemisch von Diesel, verbrannten Haaren und nassen Kleidern steigt dabei hoch und umwabert die Stelle.

Ich beginne, die Szene zu filmen, um die Entdeckung weiterer Opfer, die man hier vermutet, in all ihren Phasen des Grauens mitzuverfolgen, als ich von einem bulligen Zivilisten gestört werde, der mit seiner Hand meine Linse verdeckt.

»Verschwinden Sie, Mann!« brülle ich ihn an. »Ich filme für das Deutsche Fernsehen! Lassen Sie mich in Frieden!«

Als der Kerl sich keinen Zentimeter von mir wegbewegt, drehe ich mich hilfesuchend um zu der Stelle, wo ich Tech vermute, finde aber auch ihn in Begleitung eines Mannes, der keinen Zweifel daran lässt, dass er zu unserer Eskorte gehört. Höhere Gewalt erkennen und ihr nachgeben ist im Libanon eine Sache von Zehntelsekunden. So stapfen wir wütend zwischen unseren Begleitern über das Trümmerfeld zu einem Platz, auf dem eine Reihe Limousinen mit abgedunkelten Fenstern wild durcheinandergeparkt ist.

Wie in einem Mafiafilm werden wir zu einem überlangen Fahrzeug amerikanischer Bauart geführt, dessen mittlere Fenster sich lautlos öffnen, als wir es erreichen, und den Blick auf einen Mann freigeben, der mir bekannt vorkommt. Techmann gibt mit einem Ausruf des Erstaunens zu erkennen, dass er weiß, wer der Insasse des Wagens ist.

»Herr Präsident, welch ein Zufall, dass wir uns hier treffen!«

Techs Tonfall trifft haargenau den einheimischer Speichellecker in der Gesellschaft von wichtigen Politikern, korrupten Beamten oder mächtigen Geschäftsleuten, die es zu hofieren gilt, will man ihrer Willkür nicht zum Opfer fallen.

Ich verbinde mit diesem Mann nach meiner Erinnerung nichts sonderlich Positives oder Negatives. Früher ein mediokrer Anwalt, den ich zusammen mit einem schiitischen Kollegen vor langer Zeit einmal in seinem bescheidenen Domizil besucht habe, hat er sich im libanesischen Bürgerkrieg zum politischen Führer der nicht klerikalen schiitischen Amal Miliz[6] hervorgetan und somit zum internen Gegenspieler der Mullahs, die den militärischen Arm der Schiitenmiliz anführen. Die Schiiten stellen nach dem politischen Proporzsystem dieses Landes den Posten des Parlamentspräsidenten, den dieser Amal-Führer lange Jahre lang, wie es heißt, vorrangig zu seinem eigenen, dann aber vor allem zum Nutzen seiner schiitischen Minorität bekleidet.

Während die restlichen Glaubensminoritäten der Sunniten, der Drusen und der verschiedenen christlichen Gruppierungen zügellosen Individualismus oft mit Demokratie verwechseln, wie man meinen könnte, haben sich die Schiiten buchstäblich aufgrund ihrer wahrhaft superlativen Bevölkerungsrate und dem damit zwangsläufig verbundenen Bildungsmangel zu dem einzigen homogenen Bevölkerungsblock dieses Landes entwickelt, der von seinen Führern manipuliert und auf Abruf instrumentalisiert werden kann. Dieser Mann hier vor uns mit den übergroßen Augen und den lang gezogenen Elefantenohren hat zusammen mit den Mullahs die Macht, Revolutionen anzufachen und das not-

---

6 Amal (deutsch: Hoffnung) ist eine sozialkonservative und populistische Partei der Schiiten im Libanon. (Wikipedia)

wendigerweise wackelige, weil konsensbedürftige politische System des Landes jederzeit aus den Angeln zu heben. Kein Wunder, dass er seine Stellung zu der auf den zweiten Blick wichtigsten Position im Staate ausgebaut hat. Seine eigene starke Persönlichkeit und seine anwaltliche Eloquenz ergeben eine in diesem Rahmen bemerkenswerte Flamboyance.

»Kommen Sie auf Ihrem Rückweg nach Beirut doch freundlicherweise bei mir vorbei«, bittet er uns lächelnd, und ohne unsere Antwort abzuwarten lässt er die dunklen Fenster wieder schließen. Etwas unschlüssig stehen wir wie ausgeschlossen vor seinem Wagen, bis sich einer unserer Begleiter ungeduldig räuspert und uns auf diese feine Art begreiflich macht, dass wir wieder gehen können.

»Da kann er lange warten«, sage ich wütend zu Tech, als wir dem Unglücksort wieder zustreben. »Diese gnädige Einladung hätte er uns doch durch seine Kerle ausrichten lassen können, wieso müssen wir da überhaupt erst hin?«

»Es ist eine Art von Allianz, derer sich solche Leute bei unsereins auf diese Art rückversichern. Dafür aber lassen sie sich bei anderen Gelegenheiten auch in die Pflicht nehmen, und ohne solche Schmiere, das weißt du selbst, läuft hier so gut wie gar nichts«, meint Tech bedächtig, und damit ist klar, dass er den Umweg über den Landsitz des Parlamentspräsidenten für sich selbst jedenfalls nicht ausschließt.

»Es ist einfach die Frage, inwieweit wir als Medienvertreter aus aufgeklärten Demokratien diese Machtspielchen mitspielen und so diese korrupten Systeme auch anerkennen«, sage ich verdrossen und werde mir umgehend bewusst, dass ich vermutlich Unrecht habe mit meinem Fazit.

Wie aber, so sinniere ich, wenn menschliche Unzulänglichkeit gesetzmäßig wäre, wenn dieses Bombenmassaker hier als ihr Crescendo der schlimmste anzunehmende Normalfall wäre – wozu berichten wir davon im Glauben, aufzurütteln und gegenzusteuern, wenn wir vielleicht doch nur das genaue Gegenteil erreichen mit abstumpfenden Schilderungen grauenhaften Geschehens? Ich habe mich, von tiefer Traurigkeit ergriffen, auf einem umgestürzten leeren Ölfass niedergelassen und zweifle mal wieder an unserer berufsethischen Legitimation als Berichterstatter. Denn wenn wir mit solchen Berichten die Verantwortlichen moralisch nicht erreichen können, warum sind wir dann überhaupt hier?, überlege ich. Ist Journalismus nichts anderes mehr als Sensationsvoyeurismus, der Menschen wie mich an die Brennpunkte menschlichen Versagens lockt, damit erlebnisarme Zivilisationsopfer angesichts solcher Schauerberichte ein für allemal ihrem eigenen System den Vorzug geben und es nicht etwa kritisch hinterfragen? Sind letztendlich auch wir Handlanger von Machtstrukturen, die solche Katastrophen wie diese hier nicht nur nicht verhindern können, sondern sogar gebraucht werden, weil sie ihrem eigenen Erhalt dienen?

Tech und sein Kameramann kommen laut miteinander streitend auf mich zu, mit nichts weniger als mit meinen berufsethischen Selbstzweifeln beschäftigt.

»Wollen wir los?«, fragt mich Tech. »Es sind noch einige hohe UN-Leute angesagt, aber das kann dauern, und wir schaffen es dann möglicherweise in annehmbarer Zeit nicht mehr zum Parlamentspräsidenten.«

»Wäre doch nicht verkehrt, den Mann beim Wort zu nehmen und ihn aufzuwecken«, spotte ich.

Tech dreht sich genervt um seine eigene Achse. »Du willst es einfach nicht begreifen, Jacky, wir brauchen den Mann, er braucht uns nicht.«

»Kann ich dir nicht beipflichten.« Immerhin hatte ich gerade argumentative Denkarbeit geleistet zu dem Thema. »Er braucht uns mehr, als wir ihn brauchen. Wir sind die Steigbügelhalter auch seines Systems, teilweise profitieren wir natürlich auch davon.«

Tech gähnt und verdreht dabei demonstrativ die Augen. »Jacky, du magst vollkommen Recht haben oder auch nur ein bisschen, aber jetzt müssen wir erst einmal die praktische Frage klären: Bleiben wir oder fahren wir los?«

»Diese Frage ergibt sich aus der Antwort auf meine vorangegangene.« Die Müdigkeit macht mich rechthaberisch. Ich bemerke es selbst, stehe auf und nehme ihn beschwichtigend am Arm. »Komm, Tech, lass uns fliehen von diesem Ort, bevor auch wir noch Opfer werden. Vielleicht ist dein viel geliebter Präsident noch gar nicht zu Hause und wir kommen ungeschoren davon.«

Diese Hoffnung bleibt unerfüllt, der Mann ist nicht nur da, sondern hält Hof in der wahrsten Tradition seines Standes – leutselig und würdevoll nimmt er die Kondolenzen entgegen, stellvertretend für die Angehörigen der Opfer, die selbst in diesem Rahmen nichts zu suchen haben. Und niemand mehr als wir ausländischen Pressevertreter bestätigten allein schon mit unserer Anwesenheit seinen Anspruch. Es ist schon eine verkehrte Welt, in der wir uns bewegen.

Es tröstet mich nur bedingt, dass wir uns dafür nun in Gesellschaft vieler höchster Würdenträger dieses kleinen Landes befinden, die hinter ihrer eher berufsmäßig aufgesetzten Leichenbittermiene von einer Gesprächsgruppe zur anderen gleiten und die Thematik dieses Zusammentreffens ansonsten ziemlich ungeniert für ihre eigenen Belange umfunktionieren. Anlässe wie diese dienen nun einmal in der ganzen Welt als willkommene, weil unverdächtige Gelegenheit zu Verhandlungen auf höchster Ebene.

Das Ambiente lässt sich dazu wirkungsvoll her – der Palast des Parlamentspräsidenten zeugt nicht nur materiell, sondern auch geschmacklich von der politischen Macht des Hausherrn. Dieser Mann, den ich noch als Besitzer einer eher modesten Mietwohnung kennengelernt habe, hat ganz offensichtlich seine Zeit hervorragend genutzt, wenn man die Moral von der Geschichte mal dahinstellen will. In einer weiten Gartenanlage liegt dieser in arabischem Stil errichtete Palast in fast mittelalterlichem Gepräge und nur

stilgemäß gebremstem Luxus als Wahrzeichen bei-
spielhafter Machtkonzentration und maßlosen Per-
sönlichkeitskults. Und doch war sein Besitzer vom
Volk gewählt und damit auch in seinen raffgierigen
Bestrebungen bestätigt worden. Demokratie auf arabisch?

Während Tech zusammen mit zwei ausländischen
Pressekollegen sich angelegentlich unterhält inmitten einer Gruppe mir unbekannter Einheimischer,
habe ich zunächst nur die Wahl, mich mäuschenstill
dazuzugesellen oder mit vorgegebenem Interesse die
unzähligen Fotografien zu betrachten, die überall an
den Wänden und auf zahlreichen Konsolen den Hausherrn und teilweise auch seine bis auf das Gesicht in
opulenten Tüchern versteckte Ehefrau in dieser oder
jener politischen Gruppierung zeigen.

Eine fistelnde Stimme reißt mich plötzlich aus meinen
politisch-soziologischen Betrachtungen; ausgerechnet
ein Mullah, erkennbar an seinem gewaltigen schwarzen Turban, will von mir wissen, ob ich einer Gruppe
von UN-Beobachtern angehöre, die inzwischen aus
Kana auch hier eingetroffen sind. Ich verneine und
weise mich als deutsche Pressevertreterin aus, aber
das scheint den Mullah nur noch mehr zu ermutigen,
eine Konversation mit mir zu beginnen. Als ich ihm
meinen Namen nenne, lacht er erleichtert los » Oh,
Sie sind es also, Madame, ich habe schon einiges von
Ihnen gehört.

Nach dem Austausch einiger freundlicher Höflichkeitsfloskeln folgt rasch ein Streitgespräch, das in etwa so abläuft:

Mullah: » Man sagt, dass Sie, Madame, immer sehr sachliche Berichte über uns veröffentlichen – wir sind ja immer dankbar, wenn wir nicht gleich verteufelt werden in der westlichen Presse.«

»Daran sind Sie leider selbst auch nicht ganz unschuldig«, erwidere ich, ohne Zeit zu finden, mich über meinen Bekanntheitsgrad zu wundern oder gar zu freuen. »Seien Sie mir nicht böse, aber ich habe keine Zeit, meine Kommentare nett einzupacken, wie es hier so üblich zu sein scheint. Als schiitischer Geistlicher werden auch Sie fraglos der Hisbollah zugerechnet und gelten nun mal zwangsläufig als syrisches Provokationspotenzial gegen Israel auf libanesischem Territorium und damit als destabilisierender Konflikttreiber. Das ist aus westlicher Sicht unverzeihlich, und in dieser Frage ist der Westen bekannterweise immer auf Seiten des israelischen Staates.«

Der Mullah weicht einen Schritt zurück bei so viel Klartext meinerseits. Nachdenklich streicht er seinen gepflegten grau melierten Backenbart, blickt sich nach allen Seiten um, als wolle er sich versichern, dass uns niemand zuhört, und fistelt mir zu: »Wir sind nicht gerade erfreut über unsere syrische Dienstbarkeit, aber Sie begehen einen Fehler, wenn Sie glauben, dass Syrien selbst nicht auch letztendlich gesteuert wird von den Vereinigten Staaten.« Für einen Mullah tritt er erstaunlich nahe an mich heran und dabei berührt seine wahrhaft ungetüme Nase fast mein Ohr. »Wenn

Sie die Ereignisse der letzten dreißig Jahre aus der Retrospektive betrachten und sich dabei ehrlich die Frage stellen, wem das alles denn genützt haben mag, dann ist die Antwort doch sehr einfach, die arabische Seite hat eine Position nach der anderen verloren. Israel dagegen ist in jeder Beziehung immer nur stärker geworden, ein kaum noch angreifbarer Garant für die postkoloniale westliche Weltordnung im Nahen Osten, mithin ein westlicher Nagel in der arabischen Ferse, um es bildlich auszudrücken.«

Ich blicke ihn nachdenklich an und erwidere, dass es immer eine Gratwanderung zwischen den Interessen widerstreitender Großmächte sei, wenn man sich wie ihre Hisbollah außerhalb jeglicher demokratischer Gesetzbarkeit einordnet. Dabei bleibe ihnen nicht viel anderes übrig, als das Brot ihrer Schutzmacht zu essen und sich dieser ohne viel eigenen Handlungsspielraum zu verschreiben. Das sei auch das Dilemma der palästinensischen Widerstandsgruppierungen und nicht zuletzt ein Grund für deren schlechte Presse bei uns im Westen.

»Sie können uns mit den Palästinensern in diesem Zusammenhang nicht vergleichen. Wir kämpfen auf eigenem Boden gegen unsere israelischen Besatzer, nichts ist legitimer als solch ein Befreiungskampf. Außerdem sind wir durch legal gewählte Abgeordnete im libanesischen Parlament vertreten, unterstellen uns also diesem Staat. Das haben die Palästinenser leider nie getan.«

»Leider, wenn ich das Wort aufgreifen darf, habt ihr

Libanesen euer sogenanntes palästinensisches Brudervolk nie so weit integriert, dass es sich überhaupt diesem unfreiwilligen Gastland verpflichtet fühlen konnte und durfte. Aber um auf eure Parlamentsangehörigkeit zurückzukommen, ist es gerade diese, die heute den Israelis als Alibi dient, den Libanon vom Boden und aus der Luft anzugreifen, um ihn für eure Grenzaktionen zur Rechenschaft zu ziehen. Wer kann ihnen das übel nehmen? Solange das libanesische Parlament euch nicht zurückpfeift, ist es mitverantwortlich für alles, was ihr tut. Das Massaker jetzt in Kana ist eine Folge dieser israelischen Strategie, und ihr musstet damit rechnen.«

Der Mullah setzt sich auf einen niedrigen arabischen Diwan und ich bin froh, es ihm nachzutun. Ein Diener reicht uns arabischen Kaffee und eine Art Pistazienkonfekt, während wir uns eine Diskussionspause gönnen, denn ganz unmissverständlich hat der Mullah nicht die Absicht, das Gespräch abzubrechen. Nach einigen Minuten gesellt sich ein hochgewachsener, schlanker Mann mittleren Alters zu uns, der sich als Beiruter Anwalt vorstellt und seinem Namen nach einer wohlhabenden schiitischen Familie entstammt.

Der Mullah klärt ihn in freundlich anerkennendem Ton auf über meine Person und meine Meriten aus seiner Sicht und dass wir uns augenblicklich in einem Dialog austauschen über die Berechtigung der Hisbollah, die Israelis aus dem von ihnen beanspruchten Sicherheitsstreifen im südlibanesischen Grenzgebiet zu vertreiben. Und dass wir nun bei der strittigen Frage angekommen seien, ob so eine Katastrophe wie jetzt in Kana als logische Folge in Kauf genommen werden müsse und als vorhersehbar von uns bewusst provoziert worden sei.

»Sagen Sie, Ehrwürden, wollen Sie hier tatsächlich einen Streit vom Zaun brechen, indem Sie meine Argumente so völlig verdreht wiedergeben?«

Ich habe mir Sprachlosigkeit angesichts der levantinischen Gewitztheit meiner Gesprächspartner längst abgewöhnt und kontere, aus Schaden klug geworden, nicht ohne wahrnehmbare Schärfe, um die Grenzen dessen abzustecken, was ich hinzunehmen bereit oder eben nicht bereit bin. Dabei überlege ich aber bereits angestrengt, wie ich mich diesen verbalen Auseinandersetzungen rasch entziehen könnte.

»Moment«, meint der Anwalt da lebhaft, wobei seine wasserblauen Augen hinter dem Blendlicht seiner Brille gleichsam Blitze versenden, »die Geschichte mit dem südlibanesischen Grenzgebiet stimmt so auch nicht. Was die Israelis mit Sicherheitszone bezeichnen, ist in Wahrheit ein großes und ziemlich breites Stück aus dem vergleichsweise kleinen libanesischen Kuchen. Sie haben es immer dort besonders ausgeweitet, wo sich die ergiebigsten Wasserquellen befinden oder die strategisch besten Hügellagen. Was zum Beispiel qualifiziert die Stadt Jezzine mitten im libanesischen Kernland für die israelische Sicherheitszone? Wäre es nicht prinzipiell richtiger, eine Sicherheitszone im eigenen Land zu garantieren, anstatt sie im feindlichen

Nachbarland zu annektieren und sich dabei dem Hass und den Terroraktionen einer überwältigten einheimischen Bevölkerung auszusetzen? Das ist eine Frage, die sich jedem aufdrängen muss, der aus dem Libanon berichtet. Es ist doch seltsam, dass niemand von euch Journalisten jemals diese Frage stellt und stattdessen immer nur von der arabischen Umzingelung der armen Israelis gefaselt wird, dass einem die Tränen kommen müssen.«

»Da gibt es wenig zu fragen, solange eure eigenen Libanesen,auch Schiiten übrigens,in eine solche territoriale Separation nicht nur einwilligen, sondern sich sogar noch als Handlanger Israels rekrutieren lassen. Ich bin dieser sogenannten südlibanesischen Miliz vor wenigen Tagen erst in die Hände geraten, Libanesen bitte schön, nicht Israelis.« Ich vergewissere mich mit einem Blick hinüber zu Tech und seiner Gesprächsgruppe, dass niemand von ihnen meine lebhafte Argumentation mitbekommen hat, denn eigentlich will ich diese Episode überhaupt nicht an die Öffentlichkeit bringen. Andererseits: Unter Eingeweihten wie in diesem Kreis wird sie auch ohne mein Zutun rasch bekannt sein. Ich muss aber dringend noch lernen, nicht schneller zu reden als zu denken, denn das könnte in einer Situation wie der augenblicklichen und in einem Land wie dem Libanon über kurz oder lang dem berühmten Schuss in den eigenen Fuß gleichkommen.

Und in der Tat: Man kann dem Anwalt seine wachsende Verärgerung deutlich ansehen. Aber auch ich merke, wie der Zorn in mir hochsteigt. Und deshalb kann ich mir beim besten Willen nicht verkneifen, noch nachzuschieben: »Wenn ihr euch endlich einmal daran erinnern würdet, dass ihr alle Semiten seid, und euch nur dieser alleinseligmachende Anspruch eurer jeweiligen Religionsführer trennt, und das seit tausenden von Jahren! Vielleicht würdet ihr dann auch erkennen, dass ihr euch damit selbst nicht nur dem Fortschritt eurer ganzen Region verstellt, sondern dass ihr euch fortwährend gegenseitig und damit auch selbst schwächt und somit eurer postkolonialen Ausbeutung durch andere Staaten weiterhin unverändert Vorschub leistet.«

Mein Gegenüber stiert mich an, als sei ich irgendein widerwärtiges Insekt, und antwortet sinngemäß so: »Sie sind doch die Dame, die vor ein paar Wochen als Gast der Hisbollah im südlibanesischen Kampfgebiet ein paar israelische Spione als harmlose Journalisten mitgebracht hat, wenn ich richtig unterrichtet bin. Na, da können Sie aber richtig froh sein, dass Sie das überlebt haben. Jetzt, wo ich Sie kennengelernt habe, könnte ich das gewissermaßen bedauern.«

Es gibt jetzt keinen Raum mehr für gegenseitige Ehrerbietung. Einen Augenblick lang scheint es, als wolle der Anwalt, schon fast grünlich vor Wut, auf mich losgehen. Dann dreht er sich mit einem verächtlichen Schnauben um, flüchtet eher, als dass er geht. Ich ergreife diese Gelegenheit, um mich von dem Mullah zu verabschieden und das für mich wenig ergiebige Streitgespräch zu beenden. Anschließend ziehe ich es vor, mich der Gruppe um Tech anzuschließen, halte es jetzt aber doch für ratsam, aus Schaden klug geworden, mich bei den Diskussionen etwas zurückzuhalten.

Auf dem Rückweg fahren wir in einem Journalistenkonvoi, um die zahlreichen Armeekontrollen schneller zu passieren, und dabei suche ich mir ein sanfteres Fahrzeug aus als Techs fahrbaren Höllenstuhl. Zwei junge Korrespondenten, die für ein deutsches Privat-TV arbeiten, haben mir einen Platz in ihrem Van angeboten, der einer mobilen Fernsehstation gleicht.

Es folgen zwei Stunden federsanfter Fahrt in diesem Gefährt, in dem die gesamte moderne Aufnahme- und Sendetechnik installiert ist. Es ist natürlich klar, dass dieser Aufwand dazu da ist, Spektakularität von der ersten Sekunde des Geschehens an einzufangen und weiterzugeben, wie ich neidvoll anerkennen muss. Die privaten Sender müssen sich nun mal vor allem der Sensation verschreiben, um überleben zu können, tröste ich mich. Während die beiden Korrespondenten hier nach einem Erlebnis wie Kana zu allem Überfluss auch noch ein Gutteil ihrer Konversation dem Thema Rentenreform und optimaler Alterssicherung widmen, frage ich mich etwas wehmütig, ob ich mit meinen gut zehn Jahren Altersvorsprung vielleicht schon zu den Fossilien meiner Zunft gehöre. Zu jenen, für die der Journalismus Herzenssache war, eins der letzten beruflichen Reservate, in denen Beruf mit Berufung gleichgesetzt werden konnte und bei aller Beweglichkeit keinerlei Raum gelassen hat für eine starre Lebensplanung.

Aber der Tribut für dieses freie Leben ist hoch: Im Orient bewege ich mich nun mal auf den vergleichbar schwankenden Kraftfeldern, auf denen sich ausländische Journalisten als vogelfrei betrachten müssen, wenn sie als Berichterstatter auch davon leben. Rechtlich so gut wie gar nicht abgesichert, stehen sie zwar nahe am Geschehen, dem sie, zumal als Kriegsberichterstatter, selbst aber mehr oder weniger hilflos ausgeliefert sind. Andere Journalisten haben für den Fall der Fälle ihr Rückflugticket griffbereit, aber eben diese Rückversicherung bleibt mir aus den schon ausführlich dargelegten Gründen versagt.

Andererseits ist dieser treibsandige Teil der Welt kein schlechter Fluchtort vor den aus meiner Sicht fehlgeleiteten und ungerechtfertigten Nachstellungen meiner Person durch ein deutsches Amtsgericht in meiner eigenen »Heimat«, die mir eine Rückkehr derzeit unmöglich machen.

Dennoch werde ich in dunklen Nächten oft von Herzklopfen geplagt, überkommen mich Überlegungen wie die: Was wäre, wenn mein Sender morgen beschließen würde, dass ich eine zu starke Belastung für seine Honorigkeit darstelle? Man stelle sich das vor, eine öffentliche Medienanstalt beschäftigt wissentlich und um sie der deutschen Justiz zu entziehen eine Auslandskorrespondentin mit offiziellem Fahndungsfoto!

Meist flauen derartige Zukunftssorgen nach kurzer Zeit aber wieder ab. Dann denke ich daran, dass mich das Leben im Libanon und ganz allgemein im Orient immer wieder aufs Neue begeistert und Beirut in den Jahren meiner mit Unterbrechungen fortgeführten journalistischen Tätigkeit mir zur zweiten Heimat geworden ist.

Nachwort

Mit Kollege »Tech« habe ich meine journalistische Tätigkeit in der folgenden Zeit erfolgreich fortgesetzt. Das hat mir die Tatsache versüßt, dass ich mich immer noch auf der Flucht vor der deutschen Justiz befand und daher nicht in die aus meiner Sicht mitleidlose »Heimat« zurückkehren konnte.

Mit Bob, dem Chef vom O.O., war ich noch eine Zeitlang befreundet.

Weitere gemeinsame journalistische Abenteuer mit ihm habe ich aber wohlweislich vermieden.

Letztlich habe ich es ihm doch verübelt, dass er mit den Hisbollah-Führern Vereinbarungen getroffen hat, über die er mich nicht rechtzeitig informiert hat.

Er wusste zweifellos, dass ich mich nicht freiwillig aktiv an einem Kampfgeschehen beteiligen wollte.

Was mir anfangs als harmloser Ausflug mit ihm erschienen war, hatte schließlich dank meiner Unkenntnis, Naivität und einer gewissen Überrumpelungstaktik von Bob zu meiner Beteiligung an der Erstürmung eines Armeestützpunktes der SLA per Geländefahrrad geführt.

Als ich von der mir zugewiesenen aktiven Rolle bei den Hisbollahs erfuhr, war es zu spät, um noch ausscheren zu können, zumindest glaubte ich dies damals. Wäre ich allein im Kampfgebiet zurückgeblieben, wo auch immer, hätte mich vielleicht dasselbe Schicksal ereilt wie George, den Assistenten von Bob, von dem allgemein angenommen wurde, dass er im Kampfgebiet ums Leben gekommen ist. Jedenfalls blieb er für immer oder zumindest für die nächsten Jahre verschollen.

Über die Journalistin Ruth und den Norweger erfuhr ich von Bob, dass sie kurz nach meinem Gespräch mit einem der militärischen Führer der Hisbollah wieder freigelassen wurden und wohlbehalten nach Beirut zurückgekehrt sind. Ruths Interesse, als »Mädchen für alles« zu fungieren im Solde ausländischer Kollegen, die ortskundige Führung brauchten, war allerdings nach ihrer Geiselnahme gegen null gesunken. Sie versicherte aber immer wieder, dass der Norweger zwar ein Exzentriker, nie aber als Spion irgendeiner Macht tätig gewesen sei.

Wenn ich an das junge Mädchen dachte, die ich schon am Flughafen von Larnaka beobachtet hatte und mit der ich in Gefangenschaft der SLA geriet, nagte an mir immer ein schlechtes Gewissen. Sie hatte ja recht, als sie sagte, ohne uns wäre sie nicht in Gefangenschaft geraten und schweren Misshandlungen ausgesetzt worden. Wie ich hörte, war sie noch lange Zeit schwer traumatisiert.

Ein Jahr später erfuhr ich von Chief Pollner, dass die Anklage in Deutschland gegen mich zwischenzeitlich fallen gelassen wurde, ich also unbehelligt wieder in meine Heimat hätte zurückkehren können. Mittlerweile hatte ich mich aber in Beirut so gut eingelebt, dass ich dann doch noch viele Jahre dortgeblieben bin. In dieser Zeit habe ich auch noch weiter als Auslandskorrespondentin für Chief Pollner gearbeitet.

Auch wenn es mir nicht gelang, den Massenmörder B. im Nahen Osten aufzuspüren – es allerdings auch gar nicht versucht habe –, wie Chief Pollner es sich gewünscht hatte, war er doch mit meiner journalistischen Arbeit im Wesentlichen zufrieden und ich mit ihm als Chef, zumal ich ihm seine Loyalität mir gegenüber immer hoch angerechnet habe.

Rhea Gilder, geb. in den Kriegsjahren (zweiter Welt-krieg) in Berlin. In den sechziger Jahren Studium der Volkswirtschaft und Publizistik in Hamburg und Löwen. 1962/63 journalistisches Debüt beim Ham-burger Echo. Danach arbeitet sie für verschiedene flämische Zeitungen u.a. Het Laatste Nieuws in Brüs-sel. 1964 Beginn des Abenteuers Beirut. Im Fokus ihrer journalistischen Arbeit stehen nun die politischen Abläufe im Nahen und Mittleren Osten. Als Aus-landskorrespondentin ist sie in Beirut vor allem für die englischsprachige Wochenzeitung Monday Morning tätig, die sie mit Zeitungsartikeln und Bildberichten beliefert. Mit Ausbruch des Bürgerkriegs im Libanon kehrt sie 1975 vorübergehend nach Hamburg zurück. Es folgt ein einjähriger Aufenthalt in der Hafenstadt Dschidda, Saudi-Arabien. Ab 1977 übt sie wieder Pressearbeit für ihre frühere Wochenzeitung in Beirut aus. In den darauffolgenden Jahren ab 1978 lebt sie z. Teil im Jahresturnus abwechselnd in Brüssel und Bei-rut. Ab 2005 verlegt sie ihren permanenten Wohnsitz ins Ruhrgebiet, in Deutschland.

Monika Herrmann, geb. in den Kriegsjahren (Zweiter Weltkrieg) in Bütow/Pommern. 1945 Flucht aus Pommern nach Berlin mit Mutter. Studium der Soziologie und Wirtschaftswissenschaften in den sechziger Jahren. Diverse Reisen in der Zeit von 1950 bis Anfang 1970 mit einer Freundin per Anhalter in verschiedenen Regionen der Welt, u.a. Libanon, Türkei, Syrien, Jordanien, Afghanistan. Iran und Indien. Ab Mitte 1980 in leitender Position für die Organisation von internationalen Veranstaltungen und Konferenzen u.a. in osteuropäischen Ländern, in Washington und im Libanon sowie für eine europäisch-arabische Parlamentarierinnenkonferenz in Brüssel verantwortlich. Als Expertin für die EG-Kommission, Brüssel und die UNESCO, Paris (Erarbeitung des Grundlagenpapiers für eine internationale Konferenz in Japan) tätig.